NOTICE

SUR LE

PÈRE MAGNIER

DE L'ORATOIRE

PAR

LE P. LARGENT

DE LA MÊME CONGRÉGATION

PARIS
CH. DOUNIOL, ÉDITEUR
RUE DE TOURNON, 29

1875

NOTICE

SUR LE P. MAGNIER

DE L'ORATOIRE

PARIS. — IMP. JULES LE CLERE ET Ce, RUE CASSETTE

NOTICE

SUR LE

PÈRE MAGNIER

DE L'ORATOIRE

PAR

LE P. LARGENT

DE LA MÊME CONGRÉGATION

PARIS
CH. DOUNIOL, ÉDITEUR
RUE DE TOURNON, 29

1875

NOTICE

SUR LE P. MAGNIER

DE L'ORATOIRE

Les ordres religieux ont toujours eu des *nécrologes*, dans lesquels ils enregistraient, avec un soin pieux, les principales circonstances de la vie et de la mort des membres qu'ils avaient perdus; beaucoup de familles d'autrefois aimaient, elles aussi, à conserver dans des mémoriaux domestiques, dans ces *livres de raisons* qu'une plume érudite et chrétienne nous a naguère appris à connaître (1), le souvenir des générations dont elles avaient recueilli, dont elles espéraient transmettre l'héritage. L'Oratoire ressuscité tient à reprendre, sur ce point comme sur le reste, l'usage de ses devanciers, à honorer la mémoire de ses morts, à

(1) M. Charles de Ribbe, *Les Familles et la Société en France avant la Révolution*. Paris, Albanel.

fixer autant que possible, sur un papier moins fragile que la vie et moins oublieux que la mémoire, des physionomies qui n'apparaîtront plus désormais aux yeux mortels. J'ai essayé autrefois de retracer la figure du P. de La Bastie, j'ai publié de ce vaste et pénétrant esprit des fragments que de bons juges ont admirés et qui parfois ont rappelé Pascal au P. Gratry (1). Je voudrais m'efforcer aujourd'hui de dérober à un complet oubli le souvenir d'un autre oratorien, le P. Jules Magnier. Certes, je n'entends pas l'égaler en tout au P. de La Bastie, dont il fut le contemporain, l'émule et l'ami. Doué comme lui de rares aptitudes philosophiques, désireux lui aussi de mettre au service de l'Eglise et des âmes toutes les ressources d'une pensée méditative et d'une parole ardente, il n'avait point, si j'ose ainsi parler, accompagné le P. de La Bastie dans ses voyages aux régions de la critique et de l'histoire ; les cimes de la métaphysique et de la théologie lui avaient suffi, et de là il avait contemplé le ciel. Le P. Magnier n'avait pas non

(1) « Il y a (dans les fragments du P. de La Bastie) des « pensées qui m'ont fait l'effet de pensées de Pascal. Mais il « y a surtout les pages sur le *Jugement dernier* de Michel-« Ange, qui sont, selon moi, un chef-d'œuvre, et tout ce qu'on « a jamais écrit de plus beau et de plus vrai sur ce tableau. » (Lettre du P. Gratry au P. Largent, 3 novembre 1867.)

plus reçu ces dons littéraires qui brillent chez le P. de La Bastie, et que celui-ci avait cultivés par une étude intelligente et continue des maîtres; quand sa plume rencontre le trait éloquent, c'est qu'il a jailli, comme de lui-même, des profondeurs de sa pensée; c'est qu'il est le son qu'a rendu spontanément cette âme simple et grande. Tombé jeune, le P. Magnier n'a pu d'ailleurs donner toute sa mesure, et de lui, comme du P. de La Bastie, il ne reste que des fragments. Ces fragments, j'ai voulu les recueillir, j'ai voulu les enchâsser dans un récit où les faits tiennent moins de place que les sentiments et les idées, mais où, d'un bout à l'autre, vit l'intelligence d'un penseur et bat le cœur d'un prêtre.

I

« Notre vie est tout entière dans ses origines, » disait Mgr Baudry. Ce mot, que le P. Magnier, disciple docile et enthousiaste, aimait à citer, s'est pleinement vérifié pour lui. Né à Noyon, le 15 décembre 1835, d'une famille profondément chrétienne et justement honorée, Jules Magnier était en quelque sorte prédestiné à la piété par la foi des siens, et, comme saint Paul, il eût pu dire qu'il avait servi Dieu, dès avant sa naissance, en la personne de ses parents: *Gratias ago Deo, cui servio a progenitoribus*... (1).

Méditatif dès l'enfance, il aima de bonne heure le recueillement et le silence; les jeux n'attiraient guère ce pâle adolescent, qui semblait n'avoir qu'un souffle. D'autres pensées l'occupaient dès lors et l'absorbaient tout entier. De lui, comme de Joubert, on eût pu dire *qu'il avait l'air d'une âme qui avait rencontré un corps par hasard et qui s'en tirait comme elle pouvait.*

(1) I Tim. 1, 3

Jules Magnier fit ses humanités au petit séminaire de Noyon, et, en 1854, nous le trouvons étudiant la philosophie au séminaire d'Issy, sous la direction de M. l'abbé Laroche. Esprit entièrement tourné vers les idées, il était, même avec ses amis les plus intimes, si sobre de détails sur les événements de sa vie, que toute la première partie nous en échappe. Et cependant, quoiqu'il parlât peu de lui-même, que de fois, dans ses lettres ou dans ses entretiens, Jules Magnier s'est trahi, et a livré les innocents secrets de son âme transparente! L'enthousiaste amour de la métaphysique, qui dominait tout en lui, et que dominait l'amour de Dieu et des âmes, ne l'avait rendu étranger à aucun des sentiments délicats et élevés qui honorent l'âme et charment la vie. Chrétien, il aimait avec une tendresse avivée aux sources de la foi des parents auxquels il devait bien plus que la vie du corps; la mort de son père, advenue quelque temps avant la sienne, fut une de ses dernières et de ses plus profondes douleurs. J'en suis sûr, ce n'était pas seulement l'instinct littéraire, si vif en lui cependant, c'était aussi le souvenir des affections domestiques, c'étaient les réminiscences du foyer qui l'attendrissaient et qui mettaient des larmes dans ses yeux, un jour que nous lisions ensemble ces plaintes immortelles de *René* : « Qu'ils sont doux, « mais qu'ils sont rapides, les moments que les « frères et les sœurs passent dans leurs jeunes « années, réunis sous l'aile de leurs vieux parents ! « La famille de l'homme n'est que d'un jour ; le « souffle de Dieu la disperse comme une fumée. « A peine le fils connaît-il le père, le père le fils, « le frère la sœur, la sœur le frère ! Le chêne voit « germer ses glands autour de lui ; il n'en est pas « ainsi des enfants des hommes ! »

Cette âme, qui n'avait dissipé ni profané aucun des dons divins, garda jusqu'à la fin la fraîcheur printanière de ses impressions ; elle goûtait la nature comme la plupart des Saints l'ont goûtée, et saisissait vivement les rapports du monde visible avec le monde moral, avec le monde surnaturel. Au lendemain du jour des Morts de 1863, il écrivait à son ami, M. l'abbé Rougeot, alors vicaire à Orchamps, en Franche-Comté : « Quelle belle « harmonie devaient faire vos cloches, dont les voix « retentissent dans vos vallons, et s'élèvent de « toutes parts du milieu de vos forêts de sapins ! « Je m'imagine être le soir à votre fenêtre, à vos « côtés, écoutant avec vous toutes ces voix au « milieu du calme et du silence majestueux de vos « montagnes. Et vos bons fidèles devraient être

« tout prêts à vous entendre parler du ciel, et de la « mort, et de la résurrection. »

Le souvenir des sapins et des neiges de cette Franche-Comté où il avait trouvé, au foyer d'un ami, une hospitalité fraternelle, ne devait plus s'effacer de son esprit; dans les lettres de ses dernières années, il se tourne encore vers cette nature sévère qui l'avait charmé, et il pousse des cris qui, moins la magie de l'expression, m'ont rappelé le cri de Virgile :...

... O qui me gelidis in vallibus Hæmi
Sistat, et ingenti ramorum protegat umbra!

Toutefois, nous l'avons dit, et toute la suite de cette étude le démontrera, la première et la plus vive passion de Jules Magnier était l'amour, et partant la recherche de la vérité philosophique et théologique, naturelle et surnaturelle. Lui aussi, comme le procurateur romain, il demandait : Qu'est-ce que la vérité? *Quid est veritas?* (1) ; il adressait cette question avec un pieux respect au Maître divin que Pilate avait interrogé, et dont il n'avait pas même attendu la réponse. Issy d'abord, Saint-Sulpice ensuite, allaient, dans la mesure essentiellement bornée et partielle de tout ensei-

(1) Joan. XVIII, 38.

gnement humain, satisfaire la légitime curiosité de l'abbé Magnier. Le problème de la nature et de l'origine des idées se posa à lui dès le début; comme plusieurs de ses professeurs et comme beaucoup de ses condisciples, il le résolut dans le sens *ontologiste*. L'ontologisme de l'abbé Magnier dépassait celui de Rosmini (1) et se rapprochait

(1) J'emprunte à un article du P. Magnier, publié dans la *Foi Picarde* du 18 novembre 1865, l'exposé de la théorie rosminienne, laquelle a trouvé, en Italie surtout, d'habiles et sûrs défenseurs, — Mgr Feré, évêque de Crema, par exemple, — et est à l'abri de toute censure, de toute menace même *.

« Les disciples du pieux et savant Rosmini, » (c'est le P. Magnier qui parle) « nous disent : Oui, sans doute, nous « reconnaissons cette opération de l'intelligence, concevant « l'idée ou l'image intellectuelle des objets sensibles. Mais, « pour produire en elle-même cette représentation extérieure « des choses, n'est-il pas nécessaire qu'elle soit actuellement « éclairée par *l'idée de l'Être qui doit l'envelopper, la pé-« nétrer*, parce que, *hors de cette lumière, elle ne pourrait « agir, pas même commencer son opération?* Dès lors, il « faut... admettre la présence d'une idée que l'intelligence « n'a pas produite et qui l'éclaire. Cette *idée* est celle de « l'*universel*, qui s'individualise dans chacun des objets de « nos connaissances, et les relie dans son unité; du *possible*, « règle imprescriptible de nos idées et de nos jugements. « Alors, mais alors seulement, nous comprenons les opéra-

(*) En 1854, une congrégation que le Souverain-Pontife avait chargée de l'examen des œuvres de Rosmini, et qui fonctionnait depuis quatre ans, déclara ces œuvres entièrement irréprochables (*Dimittantur opera Antonii Rosmini.*)

des doctrines, sinon de toutes les formules d'un maître célèbre alors par l'éclat de son enseignement, plus illustre encore par son humilité, M. l'abbé Branchereau. Je me hâte d'ajouter que Jules Magnier s'imposa de persévérants efforts pour accorder ses idées avec celles de saint Thomas (1), et surtout répudia toujours avec énergie les sept propositions suspectes qui furent atteintes, en septembre 1861, par un décret du saint Office.

Les trois années que l'abbé Magnier passa à Issy dans la poursuite ardente et, si je l'ose dire, haletante de la vérité métaphysique, le préparèrent à l'étude de la théologie. Saint-Sulpice l'initia à

« tions de l'intelligence, depuis la connaissance de la plus « humble créature jusqu'à ce regard de la science supérieure « qui embrasse tous les mondes. Et cependant cette lu- « mière primitive, dans laquelle nous connaissons les exis- « tences, est elle-même en dehors de l'existence *concrète*. « C'est l'être ***abstrait idéal***, une sorte de milieu mystérieux « entre l'existence créée et l'existence increéée, où ces deux « mondes se rencontrent et peuvent apparaître à notre intel- « ligence. »

(1) « M. de L..... » écrivait l'abbé Magnier en juin 1863, « semble partager ma manière d'interpréter saint Thomas « après avoir lu les trois quarts de la *Somme*, en notant par- « culièrement les passages qui ont trait à l'origine de nos « idées. J'admets, me dit-il, toutes les formules de saint Thomas « sur cette matière, et j'en revêts mes propres pensées sans « dénaturer, ce me semble, ni les pensées ni les for- « mules... »

cette science. Au séminaire de Saint-Sulpice, il trouva des guides savants et dévoués qui, jusqu'à la fin, demeurèrent pour lui des amis. Mais le maître qui imprima à l'âme de l'abbé Magnier une direction décisive, qui l'entraîna sur les sommets lumineux d'où elle ne devait point descendre, ce fut M. Baudry, mort quelques années plus tard évêque de Périgueux. Dans notre siècle d'individualisme, où l'on peut rassembler autour d'une chaire des auditeurs et surtout des juges, mais où il est si difficile d'y grouper des disciples, peu d'hommes ont été aussi *maîtres*, au sens antique du mot, que M. l'abbé Baudry. Peu d'hommes aussi, par l'originalité puissante de l'enseignement, par l'étendue de la science, par l'élévation de la pensée, par la générosité et la tendresse du cœur, par la force et l'onction d'une piété qui agrandissait et échauffait l'âme tout entière, ont été aussi dignes d'avoir des disciples.

L'abbé Magnier fut vite conquis par la doctrine si haute et tout ensemble si vivante de M. Baudry, et il voua au saint prêtre, à l'éloquent professeur, une admiration enthousiaste. « Je reconnais, » écrivait-il le 15 mars 1860, « que l'on est bientôt « disciple de M. Baudry. On naît son disciple, à « sa seule parole, ou on ne le deviendra jamais.

« En effet, il ne nous conduit point par une filière « de raisonnements, mais il nous met en contact « direct avec l'idée, il jette notre âme éperdue en « ses splendeurs. Si alors nous voyons, si notre « regard a vu ce que voit le sien, si notre âme a « tressailli comme la sienne, nous sommes nés ses « disciples, les enfants prédestinés de sa parole; « sinon, il est probable que nous ne le devien- « drons jamais. Nous pourrons bien peut-être nous « convaincre d'une thèse, mais il ne pourra nous « emporter avec lui dans les élans de son âme, « comme l'aigle qui ravit ses petits au soleil; et, « restant en bas, nous le suivrons seulement de « loin du regard, avec une admiration de surprise « et d'étonnement, comme on regarde un phéno- « mène singulier dont on ne comprend pas trop la « cause... »

Quand M. Baudry fut appelé à l'épiscopat, l'abbé Magnier en ressentit une vive joie, à laquelle, comme à la plupart des joies d'ici-bas, l'avenir réservait de cruels retours. « Que dirons-nous, » écrivait-il à un ami le 17 juillet 1861, « du grand « événement qui a dû frapper d'émotion votre âme « comme la mienne, l'élévation de M. Baudry? « Un charme secret et profond attache mon âme « à cette âme. Elle vit toujours dans ma pensée,

« C'est Dieu qui l'a voulu ainsi, afin que M. Baudry « possédât la plénitude du sacerdoce dont son « regard a scruté les mystères avec tant d'amour. « *Le surnaturel*, aimait-il à dire, *n'est pas une* « *notion, c'est une vie.* Cette vie surnaturelle du « sacerdoce, il peut maintenant la faire vivre en « lui, ayant reçu avec le caractère épiscopal la plé- « nitude du sacerdoce. Il vivra davantage encore « dans notre pensée, puisqu'il se rapproche davan- « tage de l'idéal du prêtre. »

Aussi lorsque, après un épiscopat de deux ans à peine, Mgr Baudry eut été enlevé à ses disciples et à l'Église, J. Magnier épancha dans une longue lettre sa douleur, d'où l'espérance chrétienne bannissait l'amertume. « Pour moi comme pour vous, » écrivait-il le 19 avril 1863 à M. l'abbé Léon Le Monnier, « cette mort fait sur la terre un vide immense, « car, je puis le dire, la pensée de Mgr Baudry ne « me quittait pas, il était un monde dans lequel je « vivais tout entier; en lui, comme dans un taber- « nacle vivant, je trouvais Dieu, Jésus-Christ et « les âmes... Mais en disparaissant, en entrant « dans le sein invisible de Dieu, il y entraîne avec « lui mon âme. La première messe que j'ai dite « après avoir appris la nouvelle de sa mort, a laissé « dans mon âme une grande paix... Je le voyais,

« ce doux pontife, m'appelant à lui en m'ouvrant « ce sein de Dieu dont il nous parlait avec tant « d'amour, et vers lequel sa vie tout entière n'a- « vait été qu'une ardente aspiration. » Comme tous ceux que la mort a séparés d'un être chéri et qui s'efforcent de le ressusciter dans leur mémoire, J. Magnier s'attache à résumer la pensée, à retracer la vie du maître qu'il a perdu. « Mgr Baudry avait « le cœur aussi grand que son intelligence, dont « l'unique mobile était l'amour de la vérité. Aimer « et penser semblaient n'être pour lui qu'une « même chose. Tout son amour s'était fait intel- « ligence, et toute son intelligence s'était faite « amour... Quand on veut étudier cette grande « âme, on ne sait de quel côté l'envisager, parce « qu'elle apparaît toute en chacun de ses aspects...

« Une des marques de sa science, c'est que, con- « trairement à ce qui arrive trop souvent pour « d'autres, elle ne troublait point sa vie, elle lui « laissait toute sa fraîcheur... Plus que tout autre, « il possédait son âme... Il avait de ces réflexions « naïves et profondes qui nous saisissaient par « leur simplicité, et qui semblaient appartenir à la « fois à l'enfant et au philosophe. Quelle tranquille « profondeur dans son regard! Comme il décou- « vrait sans effort les lois les plus cachées! C'est

« que cette intelligence ramenée à son principe,
« à ses origines, lisait les lois éternelles dans la
« simplicité de l'Être qui est sa lumière, et les
« avait sans cesse devant son regard!

« Je l'observais dans des circonstances où la
« pensée des grandes vérités dont vivait son âme
« semblait se renouveler en elle... C'était un jour
« qu'il recevait les adieux d'un de ses élèves, un
« autre jour où il assistait un nouveau prêtre, et
« que celui-ci prononçait les paroles sacramen-
« telles; c'était un soir, à la lecture spirituelle,
« au moment où l'on citait le verset du psaume :
« *Narraverunt mihi iniqui fabulationes, sed non*
« *ut lex tua* (1) ». De tels moments sont sacrés
« pour moi, car ils m'ont révélé la vie dont ils
« étaient la sincère manifestation. » J. Magnier aimait encore à rapporter quelques paroles dans lesquelles l'âme de son maître s'était livrée : « Je
« viens de lire saint Ignace d'Antioche : après cela
« il faut mourir..... Depuis quinze ans, c'est par
« distraction que je ne pense point au mystère de
« la sainte Trinité (2); » et il terminait par cette

(1) Ps. CXVIII, 85.

(2) L'abbé Magnier appliquait à la vie de M. Baudry la parole de saint Anselme, en y ajoutant un mot : *Fides quærens intellectum in charitate.*

élévation vers le monde immuable dans lequel Mgr Baudry était désormais entré : « Sa vie est « maintenant parfaite, car s'il n'est plus visible « aux yeux des hommes, c'est que maintenant il « est tout en Dieu et que Dieu est tout en lui.

« Que nous reste-t-il, sinon à faire comme lui « de notre vie une mort continuelle, un passage « des ténèbres à la lumière, jusqu'au jour où « comme lui nous ne serons plus visibles sur cette « triste terre, parce que nous serons tout en Jésus-« Christ ?

« Oui, cher ami, ne vivons qu'en pensant, en « tendant à notre cité permanente, *a longe salu-« tantes* (1), et cependant, aimons cette vie comme « il l'aimait lui-même, afin de témoigner à Dieu « notre amour et d'entraîner les âmes dans les « voies de la véritable vie.

« Que sa vie nous soit un exemple de tout ce « que peut le cœur d'un prêtre qui se consume « dans un perpétuel sacrifice ! »

Ces pages enthousiastes qui nous découvrent deux âmes à la fois, montrent assez que, pour le disciple comme pour le maître, *le surnaturel n'était pas une notion, c'était une vie.* « Ce qu'il

(1) Hebr. XI, 13.

« faut au monde, » écrivait l'abbé Magnier, « ce « que le monde demande avec gémissement, c'est « la vie dont il a perdu le secret et dont, à l'époque « de lassitude où il se trouve, on doit lui donner « la révélation. » A vrai dire, toute science qui s'en tenait aux mots, qui ne s'élevait pas au-dessus des pâles ombres de l'être pour pénétrer dans le monde des réalités vivantes, ne lui paraissait pas mériter le nom de science; il ne voyait en elle qu'un stérile *nominalisme*, et de quel mépris son âme ne poursuivait-elle pas ce *nominalisme!* « Ce « qui manque de nos jours, » écrivait-il, « ce ne « sont point les connaissances. Peut-être n'ont-« elles jamais été plus universelles que mainte-« nant. Mais les notions, en perdant leur sens, leur « valeur, ont baissé dans les âmes, et avec ces « notions les âmes elles-mêmes ont baissé. Les « sciences ne nous apprennent que les rapports « des notions entre elles. Si ces notions ne sont « dans les esprits que des mots, la science descend « à la mesure des noms, et perd toute sa hauteur. « On peut comprendre tout saint Thomas, et cepen-« dant être un pauvre homme. Pourquoi? Parce « qu'après tout saint Thomas ne fait qu'énoncer les « relations qui sont entre les choses, et si les choses « ne sont rien que des abstractions dans l'intelli-

« gence qui croit posséder S. Thomas, elle sait « plus de choses, mais elle n'est pas pour cela plus « *élevée* que l'intelligence d'un ignorant.

« De là suit qu'il est vraiment possible qu'un « siècle soit infiniment inférieur à un autre et « soit tombé bien bas, sans qu'on puisse toujours « le faire comprendre à autrui. Oui, ce qui fait les « hommes, ce ne sont pas les connaissances, c'est « la conscience profonde des notions premières. « Les noms abstraits sont rarement employés aux « époques de décadence. On parle moins de la « vérité, de la beauté, de la sainteté, parce que ces « mots ne disent plus rien, et que l'on n'entend « plus que le sensible. Il est vrai que ce sont des « abstractions, mais à ces abstractions correspon- « dent d'éternelles et immuables réalités. Voyez « saint Augustin : comme il se dilate au milieu de « tous ces termes abstraits ! »

Ce n'était pas seulement la science, c'était encore la piété qui, aux yeux de l'abbé Magnier, subissait les tristes conséquences de ce nominalisme. « Aux « époques de décadence, » poursuivait-il, « le côté « divin de la religion baisse beaucoup et est « éclipsé par le côté humain. La religion chré- « tienne est la religion du Verbe incarné : en elle « le côté humain est élevé à la divinité. Des

« époques viennent où l'on ne fait plus attention « au côté divin, parce que les âmes sont abaissées. « On croit que Jésus-Christ est Dieu, parce que « cela est de foi, mais on semble ne voir en lui « qu'un homme mort pour nous. L'extérieur ab- « sorbe tout, et l'on s'y attache d'autant plus qu'il « est moins divinisé par l'idée. »

Pour l'abbé Magnier, la science et la piété étaient donc esprit et vie. Les mystères divins qu'il contemple sont le foyer où sans cesse il ravive son intelligence et il réchauffe son amour. « Le monde surnaturel » écrivait-il, « est le vrai monde, le monde « réel. Nous habitons au milieu des figures et des « signes, mais au moins sachons que ce sont des « figures..... »

Comme d'autres vont aux mystérieuses sources du Nil, lui va aux sources plus mystérieuses encore de la lumière; mais la lumière dont l'abbé Magnier est si avide, c'est avant tout pour lui un principe de vie. A l'heure même où Jules Magnier étudiait et s'efforcait de retracer dans des pages toutes frémissantes les hautes idées de M. Baudry sur l'ordre surnaturel, il touchait au sacerdoce; contempler, autant que cela lui était possible, le mystère de la vie divine, participer même à cette vie, n'étaient pas assez pour lui : il aspirait à l'honneur de communiquer cette vie aux âmes. Il se demande quelle est la fonction du prêtre dans cette œuvre de lumière :

« Le prêtre, » répondit-il, « est placé dans le « monde comme cause seconde, contingente, « visible, figure de la cause première, éternelle, « invisible, qui est Dieu, tout Dieu retiré en lui-« même dans son infinie sainteté. Il pose un acte, « et à cet acte la parole éternelle prononcée sur « une âme se réalise en elle dans la succession de « ses effets. Il profère une parole, et à cette parole « le Verbe descend! Voilà pourquoi Notre-Sei-« gneur, transmettant à ses apôtres son sacerdoce, « leur dit seulement cette parole d'une adorable « simplicité : *Hoc facite*. Ils font cela, et en fai-« sant cela ils font tout. Oui, combien est admi-« rable la mission du prêtre ! Il appelle dans l'âme « qu'il baptise, Dieu, la vie divine elle-même! « Mais cette vie divine dort, sommeille; il la faut « exciter, développer avec des soins infinis. Aussi « le prêtre n'abandonne pas son œuvre, et comme « une mère s'asseoit près du berceau de son enfant, « le prêtre s'asseoit près de l'âme baptisée. Dou-« cement, par sa parole, il l'initie à la connaissance « des mystères de la foi qui sont en elle, et il la « fait insensiblement penser, vouloir, agir, croître

« dans la lumière de Dieu. Et pour cela il a des « instruments tout divins, qui sont les sacrements, « avec lesquels il la fortifie, la nourrit, la soutient « dans ses défaillances. Et un jour, cette vie divine « lui échappe : elle remonte vers sa source, elle va « se perdre dans le sein invisible de Dieu, où il as- « pire à la rejoindre un jour dans l'unité de cette « parole éternelle, immuable, qui renferme en elle « toutes les grâces qui ont été, qui sont et qui « seront; dont il aura ici-bas épelé quelques syl- « labes, et qui, les temps finis, rassemblera toutes « les âmes et tous les siècles et tous les mondes « dans sa splendide unité. Comment ne pas désirer « voir à découvert cette mystérieuse unité des « âmes dans le Verbe divin ! comment ne pas as- « pirer au moment où nous verrons ce sein de « Dieu où sont nos origines et qui est notre pa- « trie ! Du moins, notre consolation ici-bas, ce doit « être de travailler comme prêtres à cette grande « œuvre, qui est l'œuvre de Dieu, en dehors de la- « quelle il n'y a que vanité. »

Ces grandes et saintes pensées préparaient l'abbé Magnier à la dernière et à la plus auguste des ordinations sacrées. Avec quelle piété profonde, avec quelle religieuse terreur, adoucie par l'amour, il y disposa son âme, c'est ce que nous révèle l'idée sublime et exacte qu'il s'en était formée. « Nous « sommes, » écrivait-il déjà prêtre, « dans la « semaine des ordinations. Encore quelques « jours, et quel pas le monde aura fait! On se « préoccupe des événements, des nouvelles poli- « tiques. Les grandes nouvelles, les grands événe- « ments, ce sont les ordinations. Elles sont vrai- « ment la mesure du temps, car c'est par elles « que le monde s'avance vers sa dernière consom- « mation. »

Le sacerdoce fut conféré à l'abbé Magnier, le dimanche 7 octobre 1860, par Mgr l'évêque de Beauvais. Une de ses lettres annonce la *bonne nouvelle* à M. l'abbé Rougeot : « Encore douze jours, « et je serai votre frère dans le sacerdoce; avec « vous, je continuerai, je renouvellerai, j'étendrai « le sacrifice éternel; pauvre prêtre, je réaliserai « dans le temps l'éternelle pensée de Dieu. » Et, le lendemain de son ordination sacerdotale, l'abbé Magnier adressait à l'ancien guide de sa conscience, à M. l'abbé Hogan, de Saint-Sulpice, les lignes qui suivent :

« Je suis prêtre : aujourd'hui j'ai célébré ma « première messe. Ma vie s'est pour jamais fixée « dans le sacrifice, et cette vie s'est ouverte par « d'ineffables joies descendues du ciel avec Jésus-

« Christ. Les joies passeront, mais le sacrifice res-
« tera avec sa douceur austère, avec sa grandeur
« sublime... Que ma vie soit donc là pour jamais,
« retirée, comme dit M. Olier, dans le sein redou-
« table de Dieu. »

II

L'abbé Magnier est prêtre. Le sentiment du bienfait qui lui avait été accordé, de la puissance et de l'honneur dont il avait été revêtu, le jetèrent dans une extase muette qui se prolongea durant plusieurs mois. « Depuis que je suis prêtre, » écrivait-il le 8 décembre 1861 à M. l'abbé Rougeot, « le courage me manque pour écrire. Tout « nous est présent au saint autel, et il semble inu- « tile de s'unir davantage. Que sont nos paroles « auprès de la parole éternelle qui, à notre voix, « tombe sur les dons offerts, et qui résume tout « dans son unité et son éternité ? Il semble qu'il « n'y ait plus rien à faire qu'à se renfermer dans « le silence de cette parole, jusqu'au jour de sa ré- « vélation complète. C'est le sentiment qui me do- « mine depuis le jour de mon ordination sacerdo- « tale. Les limites du temps et de l'espace se sont « tout à coup effacées, l'horizon éternel s'est ou- « vert, et je me suis senti vivre avec le monde en- « tier en vivant en Jésus-Christ. »

Jules Magnier devait cependant sortir de cette extase et ce silence. Mgr l'évêque de Beauvais, désireux d'utiliser le talent et la science du jeune prêtre, le chargea d'enseigner la philosophie dans son grand séminaire. L'abbé Magnier accepta avec reconnaissance, avec joie même, mais avec une joie que sa modestie mêlait de quelque crainte, une fonction qui s'accordait si bien avec ses aptitudes et qui répondait aux aspirations de son zèle. « Je « professerai la philosophie, » écrivait-il à M. l'abbé Rougeot, « il me faudra initier de jeunes intelli- « gences à la vie de la pensée, leur faire connaître « l'idée de Dieu..... Et je préparerai ainsi ces jeunes « gens à la théologie, car comment pourraient-ils « entrer dans ce sanctuaire, et comment pourraient- « ils goûter la vérité surnaturelle, s'ils ne goûtent « préalablement la vérité naturelle?

« Voilà quelle est la vie qui s'ouvre devant moi. « Pourrai-je la mener, cette vie, ou bien succom- « berai-je sous son propre poids? Je n'en sais rien. « Ce que je sais, c'est que Dieu peut faire avec moi « ce qu'il voudra, et que, quant à ma petite indivi- « dualité elle-même, c'est un néant, auquel on n'a « point à songer. Telle est la résolution que j'ai « prise à l'école de M. Olier, et je prie Dieu seule- « ment qu'il fasse que je la conserve toujours

« comme la sauvegarde de ma vie. S'oublier soi-
« même comme un néant pour ne penser qu'à Dieu
« qui seul est ! »

L'abbé Magnier aima vite ses élèves : « Je me « corrige maintenant, » écrivait-il, « de cette piété « sauvage qui oublie les créatures pour ne penser « qu'à Dieu. Autrefois, je croyais avoir beaucoup « fait, quand je m'étais souvenu d'elles dans un « instant fugitif, et il semblait qu'elles disparussent « pour moi dans l'immensité de Dieu. Je com- « prends aujourd'hui qu'il ne faut pas plus oublier « les créatures que Dieu ne les oublie lui-même, « et qu'il faut s'unir au regard d'amour qu'il jette « sur elles, pour les remplir de lui. » Aussi le jeune professeur se donnait-il tout entier aux âmes qui lui avaient été confiées, et s'efforçait-il de les faire croître tout ensemble dans la vérité et dans l'amour. « Sans doute, » dit-il dans une de ses lettres, « l'ordre intellectuel n'est pas l'ordre moral, « mais je crois que l'ordre intellectuel doit s'unir « autant que possible à l'ordre moral; à cette « union l'ordre moral gagnera beaucoup... D'autre « part, l'ordre intellectuel ne se suffit pas à lui- « même. Vivre ici-bas, ce n'est pas seulement pen- « ser et savoir, c'est aimer, et c'est aimer dans les « obscurités de l'intelligence et dans les ombres de

« la foi. Au ciel seulement, notre intelligence sera « tout amour, l'amour sera identifié avec l'acte de la « vision béatifique. Je veux travailler à acquérir « cette science de l'amour, je veux même contenir « l'activité de mon intelligence, pour la faire sou- « vent entrer dans le silence de l'amour. »

Cette vie recueillie et laborieuse eut tant de charme pour l'abbé Magnier, qu'à la fin de sa première année d'enseignement philosophique, le 17 juillet 1861, il écrivait : « L'année qui s'é- « coule est comme une grâce précieuse que Dieu « m'a accordée. Cacher dans la solitude son sacer- « doce immédiatement après l'avoir reçu, pour s'y « nourrir de pensées saintes, pour fixer son regard « sur les réalités surnaturelles, de manière à ne « pouvoir plus le reporter sur le monde qu'avec « peine et par devoir, tel est, cher ami, le sort qui « m'a été fait cette année par la Providence. »

L'étude, la piété, la direction des âmes, étaient les puissantes ressources qui soutenaient l'abbé Magnier, les ailes qui sans cesse le portaient en haut. Digne disciple de M. Olier, en attendant qu'il devînt le fils spirituel du P. de Condren, il faisait, comme eux, de l'étude un prolongement et une forme de la prière. « Je me suis livré tout en- « tier au traité *de Deo*, » écrivait-il dans le courant de 1861; « je l'ai étudié dans saint Thomas et dans « Thomassin, un peu dans Suarez. Sans doute, j'ai « été lent dans cette étude, parce que mon intelli-« gence ne va pas vite dans la recherche de la vérité; « mais j'en ai tiré un sentiment profond des gran-« deurs de Dieu dont la contemplation épuisera « l'éternité, du néant des créatures, et des « grandeurs du sacerdoce, placé entre Dieu et le « monde, qui reporte sur le monde, afin de le « sanctifier et de féconder son néant, le regard « qu'il a levé en foi vers les richesses infinies de « Dieu. »

L'amitié tenait, elle aussi, une place considérable dans la vie de l'abbé Magnier; elle était un besoin de celui qui écrivait avec une candeur si aimable et un si touchant scrupule : « J'aime à « ouvrir mon âme, et cependant je ne sais quoi « m'arrête : j'ai peur de prendre la place de Dieu. « C'est qu'il faut être bien pur pour converser « avec les âmes ! » Certaines sympathies naturelles, la communauté des goûts et des pensées, n'avaient pas été étrangères à la formation des liens doux et forts qui unissaient l'abbé Magnier à quelques-uns de ses frères dans le sacerdoce; mais ses affections, non plus que ses études, ne pouvaient demeurer à l'état profane : elles cherchaient plus haut que la terre leur inspiration et leur mobile ; elles se ravivaient sans cesse au feu de l'autel. « Je crois, » écrivait-il à M. l'abbé Rougeot, « que c'est Dieu qui a formé entre nous cette « amitié pour le bien de nos âmes. Il a choisi « pour cela le moment le plus pur, le plus saint, « celui de notre enfance sacerdotale, de notre « formation au sacerdoce, unissant nos âmes par « la même grâce avec laquelle il les tirait suave- « ment à lui... Au moment de votre ordination, « j'en ai ressenti un contre-coup ; je vous ai vu « prêtre, je vous ai vu à l'autel, vous qui m'y « devanciez, et plus que jamais j'ai senti ce que « c'est que l'autel, ce que c'est que le prêtre.... « M. Baudry nous disait que *notre vie est tout « entière dans ses origines*. Qu'il en soit ainsi, « cher ami, de notre amitié ; qu'elle demeure tou- « jours et tout entière dans ses origines, dans le « *sacrifice;* que ce soit une amitié du temple, une « amitié de l'autel.

« Rappelons-nous ces grandes pensées qui ont « réuni nos âmes en les élevant à Dieu. Dieu est « saint, il ne connaît et n'aime que lui. Saint, il veut « que sa créature soit sainte, qu'elle ne connaisse « que lui, qu'elle n'exprime que lui, qu'elle n'aime « que lui ; il veut, par sa lumière et son amour,

« la transformer en lui, la *déifier*. Il veut, notre « grand Dieu, unir la création tout entière au sa- « crifice de son Verbe incarné ; avec lui la crucifier, « l'ensevelir, et puis la consumer en lui, de sorte « qu'il n'y ait plus que lui comme au mont Thabor. « Voilà, cher ami, l'œuvre de Dieu, *opus in medio* « *annorum*, et, faut-il le dire? voilà notre œuvre... « C'est là qu'est toute notre vie, dans le sacrifice. « Eh bien ! c'est là qu'il faut poser notre amitié. « Plaçons nos deux cœurs sur l'autel, et appelons « le feu du ciel, l'Esprit d'en haut, afin qu'il les « unisse en les consumant en Dieu pour l'éter- « nité. Tel est le type de l'amitié dans le Christ « notre Seigneur. »

On ne s'étonnera pas qu'une amitié née à l'autel, au foyer même de la vérité et de la vie, fût pour l'abbé Magnier un principe de force et de consolation. « Sans doute, » écrivait-il, « au prêtre doit « suffire le sein de Dieu, où il cache son âme, mais « puisque Dieu, dans sa bonté, nous donne le « cœur d'un ami pour nous aider en cette vie, « il ne nous est pas défendu d'y épancher notre « âme. Si je vous parle comme je vous parle, « ce n'est pas pour vous dire des choses que vous « savez mieux que moi, c'est pour donner une « expansion à l'activité intérieure de mon âme.

« Vous aurez parfois à prendre en pitié cette pauvre « âme... »

D'ailleurs, si l'abbé Magnier goûtait la douceur de l'amité, c'était toujours d'une âme sobre, à qui le rayon de miel du désert ne faisait pas négliger les luttes de l'heure présente ni oublier l'espérance des biens futurs. Et par là même qu'elle venait de Dieu et qu'elle allait à Dieu, son amitié *bâtie en force*, comme dit Mme Swetchine, pouvait résister à l'épreuve de la séparation, cet ordinaire écueil de tant d'affections purement humaines. « Si notre « amitié est *vraie,* » écrivait-il à M. l'abbé Rougeot, « c'est-à-dire si elle est conforme à l'harmonie « que Dieu a mise dans le monde des âmes, « soyons chacun tel que Dieu nous veut, et, sans « que nous ayons à nous en inquiéter, nos âmes « seront unies. » Et encore : « Ma pensée s'est « souvent reportée vers vous, vers le bourg d'Or- « champs où vous offrez comme moi à l'autel la « même Victime. Sans doute, si l'un et l'autre « nous étions hommes du monde, notre union « ne serait guère possible. Mais, prêtres tous les « deux, ne sommes-nous pas proches l'un de « l'autre au saint autel ? »

Les nombreux fragments que nous avons cités indiquent le caractère de la piété de l'abbé Magnier.

C'est Dieu qu'elle cherchait et qu'elle découvrait partout. Elle le contemplait et l'adorait dans le mystère de sa vie intime ; elle l'adorait dans ce mystère de sagesse et d'amour qui s'appelle l'Incarnation. L'Incarnation lui apparaissait comme le *commencement des voies* de Dieu (1), comme la cause méritoire de toutes les grâces qui ont été accordées aux hommes et aux anges, comme le fait central auquel tout se rapporte, et qui, accompli dans la plénitude des temps, a étendu son efficacité sanctifiante aux générations humaines échelonnées sur les deux versants du Calvaire, et aux intelligences célestes groupées aux divers degrés de la hiérarchie angélique. « Il est beau, » s'écrie l'abbé Magnier, « de voir le Verbe divin s'unir « hypostatiquement à la nature humaine comme à « une lyre dont les accords empliront tous les temps « qui ont précédé, tous les temps qui ont suivi, « qui suivront sa venue : merveilleux concert des « âmes et des mondes dont les voix ne se perdent « pas, mais se retrouveront toutes en une seule « âme, en un seul monde qui est Jésus-Christ, « éternelle pensée de Dieu. Ainsi un artiste s'ex- « prime et développe, dans une succession d'ac-

(1) Prov. VIII, 22.

« cents, l'harmonie d'une seule pensée indivisible « et toujours présente... »

C'était Dieu encore que l'abbé Magnier voyait dans toutes ces manifestations de l'éternel amour : Marie, les Saints, l'Eglise ; à ses yeux, comme aux yeux de Mgr Baudry et de tous les Pères, l'univers lui-même « était une expression, une image créée « des beautés du Verbe.... un vêtement qui le « cache et le révèle à la fois... (1). Vrai fils de Saint-Sulpice, il s'émouvait délicieusement au retour des fêtes liturgiques ; on eût dit que son âme s'ouvrait alors aux premiers rayons et qu'elle aspirait les premiers parfums de la patrie. Un peu plus d'un an après son ordination sacerdotale, le 27 décembre 1861, il écrivait à M. l'abbé Hogan : « Quand on n'est encore qu'à sa seconde nuit de « Noël, ce n'est pas sans un bonheur bien vif que « l'on passe une heure et demie au saint autel « avec l'Enfant Jésus qui ne fait peur à personne. « On voit ses parents, ses amis, on se voit soi-« même avec le monde entier dans l'atmosphère « suave qui entoure le berceau de Notre-Seigneur. « Tout ce qu'il y a dans nos âmes de triste et de

(1) M. l'abbé Houssaye, dans la préface qu'il a mise en tête de l'œuvre posthume de Mgr Baudry : *le Cœur de Jésus*.

« joyeux, nos craintes, nos espérances, nos regrets, « nos souvenirs, tout vient se fondre et s'unir « dans un sentiment doux et inexprimable: l'a- « mour de Jésus enfant. »

Un autre jour, au jour anniversaire de la résurrection du Sauveur, il s'écriait: « Qu'elles sont « grandes les solennités de la Pâque! L'humanité « s'arrête tout à coup au plus fort de sa lutte « contre le péché et contre la mort, pour célébrer « son invisible et éternel triomphe, car déjà nous « avons vaincu en notre chef, dont le sépulcre est « glorieux, et notre nom est déjà inscrit dans le « livre de vie. »

Les fêtes de la sainte Vierge éveillaient les plus hautes pensées et les sentiments les plus tendres dans cette âme qui ne savait pas séparer Marie de Jésus, et qui, d'une manière essentiellement secondaire mais très-réelle cependant, appliquait à la Mère de Dieu ce texte évangélique: *et de plenitudine ejus nos omnes accepimus* (1). « Nous « sommes en la fête de l'Immaculée Conception, » écrivait-il le 8 décembre 1860. « Au milieu de tant « de clameurs dont le bruit vient jusqu'à nous, « j'aime à contempler la douce figure de Marie,

(1) Joan, I, 16.

« calme, tranquille, et tenant sous ses pieds le « serpent qui n'a pu l'atteindre. »

Une âme aussi sacerdotale aurait-elle pu ne pas aimer l'institution divine qui maintient ici-bas, avec son indéfectible doctrine, son sacerdoce et ses sacrements, les sources toujours pures, toujours jaillissantes, de la vérité et de la grâce? « Nous avons « besoin, » écrivait-il, « d'élargir nos âmes, pour « vivre de la vie de notre mère l'Église, d'une vie « grande et universelle... Prions pour l'Église que « nous devons aimer sur la terre par-dessus toutes « choses. »

Dans l'Église, il est une autorité souveraine que l'abbé Magnier vénérait profondément; une haute et douce figure qu'il entourait du plus filial et du plus respectueux amour. Il avait ressenti et déploré, en 1859 et en 1860, les épreuves infligées à Pie IX, les attentats commis contre lui, douloureux prélude des catastrophes suprêmes où l'auguste Pontife achève aujourd'hui de grandir et de se transfigurer. « Le Pape, » écrivait l'abbé Magnier, « est le signe de Dieu au milieu du monde. Vrai- « ment signe de contradiction, signe de guerre, « car, chose étrange! le monde est en lutte contre « Dieu, et il veut détruire le signe de Dieu. Mais « ce signe qui meurt, qui passe, est remplacé par

« un autre signe, et Dieu est toujours présent, « toujours agissant, déployant sa puissance, sa « sagesse, son amour, dans la douce majesté de « son pontife; toujours il est en lui, s'affirmant « lui-même, répondant à toutes les attaques par « cette parole toujours subsistante : *Ego sum.* « Tenons donc au successeur de Pierre par le fond « de nos entrailles, et dans cette grande et mysté- « rieuse lutte dont l'histoire est l'histoire de toute « âme et du monde entier,.... nous serons toujours « du côté de Dieu. »

Cette piété dont nous avons essayé d'indiquer les grands traits, était pratique, comme toute piété qui veut n'être pas un mensonge ou du moins un rêve; elle inspirait les moindres actes de la vie de l'abbé Magnier, les échauffait de sa flamme et les embaumait de ses parfums; elle modérait même en lui les plus nobles désirs, les plus fiers élans, et, par le sacrifice, ramenait tout à l'unité et à la paix. « Votre âme, » écrivait-il à un ami le 21 décembre 1861, « est mal à l'aise, elle voudrait « s'élever à des biens qu'elle pressent, mais qu'elle « ne peut atteindre et qui la troublent. Ce bien « qu'elle appelle, au fond, c'est le bon Dieu qui est « toujours plus grand que nous, qui nous attire « et nous sollicite. Il ne faut donc pas réprimer

« cet élan de notre âme, qui nous entraîne vers la « méditation des grandes vérités, mais il faut lui « donner la force et l'onction de l'amour. Oui, « mon cher, que votre regard se tourne toujours « en haut aussitôt qu'il le peut, mais qu'il ne soit « pas impatient, qu'il soit tranquille. Tournons-« nous vers Dieu pour lui demander ce qu'il veut « dire à notre âme, mais ne nous lassons ni ne nous « impatientons jamais. O mon Dieu! mon âme « est vers vous; elle vous connaîtra pour vous « aimer autant que vous voudrez, mais toujours « elle est vers vous, sans trouble, sans inquiétude. « Qu'elle reçoive ou qu'elle ne reçoive pas, tou-« jours elle aime. Alors qu'arrivera-t-il? Votre « intelligence se tournant ainsi constamment, « *fortiter et suaviter*, vers les grandes vérités, « sous le seul mobile de l'amour, peu à peu ces « vérités deviendront la nourriture de votre âme, « elles descendront dans le fond de votre cœur, et « de là se répandront dans toutes vos actions, même « les plus vulgaires, pour s'y mêler, elles transpi-« reront hors de vous et feront secrètement du « bien aux âmes.

« Voyez-vous, mon bien cher, ce qu il vous faut, « ce ne sont pas de vastes connaissances. Ce qu'il « vous faut, ce sont les grandes vérités devenues

« vivantes en vous, de telle sorte que vous puissiez « toujours y reposer votre cœur. Or, ces grandes « vérités, vous les connaissez, votre regard s'est « déjà tourné vers elles avec amour. Eh bien! re- « tournez vers elles avec amour, mais sans impa- « tience. L'amour de Dieu n'est jamais impatient, « parce qu'il se confie en la volonté qui ne connaît « pas d'obstacles.

« Voilà, mon bien cher, ce que je crois devoir « vous dire. J'ai eu cette maladie de l'impatience, « mais je l'ai adoucie. Je disais à Dieu : Après tout, « mon Dieu, je n'aurai de science que ce que vous « voudrez bien me donner. Vous êtes mon seul « maître. Peut-on, mon cher ami, s'inquiéter, se « troubler sous un tel maître ? Tournons-nous « toujours vers lui, aimons-le, il donnera à notre « âme ce qu'il lui faut. Et puis il a l'éternité pour « nous révéler ses secrets. Lorsque j'eus ainsi « maîtrisé mon désir, petit à petit la lumière s'est « faite dans mon âme, et il me semble que cette « lumière m'éclairerait toujours, même dans les « détails de la vie pratique, si jétais appelé à y « descendre. Maintenant que mon âme a la tran- « quille possession de sa vie, elle y est, je crois, « plus apte qu'autrefois. Faisons toutes nos « œuvres avec la force et la suavité que nous avons

« à l'autel. *Per ipsum et cum ipso et in ipso.* »

A un autre ami qui souffrait tout ensemble et de l'absence d'activité extérieure, et de cette noble et poignante douleur que produit dans l'âme la vérité entrevue mais non possédée, l'abbé Magnier donnait ces conseils où la finesse de l'observation psychologique se joint à l'élévation de la pensée :

« Ce qui en ce moment tourmente votre pauvre « âme, c'est que, comprimée dans son élan vers « les horizons intelligibles, elle se replie sur elle-« même, elle se dévore, elle s'enferme dans son « propre néant avec un sentiment de douloureuse « impuissance. Mais si vous pouviez au contraire « donner un libre cours à votre activité, croyez-« vous que votre âme ne se lasserait jamais, qu'elle « ne finirait point par s'affaisser sur elle-même et « par retomber encore une fois dans son propre « vide? Si la vérité transporte et ravit nos âmes « hors d'elles-mêmes, souvent aussi elle les opprime. « Nous sommes si petits devant son immensité! « Que sont devant elle toutes nos pensées? L'âme, « affaissée sur elle-même, perd trop souvent alors « le sentiment de sa dignité : sa pensée, tout à « l'heure si superbe, s'abîme dans le dégoût. C'est « cette dignité de nos âmes, cher ami, qu'il faut avant

« tout sauvegarder contre la maladie de l'ennui. « Pour cela, réfugions-nous au fond de nous-« mêmes, et reposons-nous dans le bon plaisir de « Dieu. Méditez bien cette grande vérité que vous « m'avez vous-même rappelée. Notre repos n'est « point ici-bas dans l'exercice de notre activité, « mais dans le fond même de notre être et de nos « puissances, où Dieu se cache mystérieusement. « Au ciel seulement notre plus grand repos sera « dans notre plus grand acte. Courage donc, mon « cher ami ; en supportant avec courage les souf-« frances présentes, vous vous faites au fond de « votre cœur, contre toutes les tristesses de la vie, « un asile sûr et digne de vous. C'est en suppor-« tant avec résignation les ennuis qui m'étaient cau-« sés par la règle du séminaire, que je me suis rendu « capable de supporter d'autres ennuis, ceux que « l'on rencontre dans le libre exercice de son « activité. C'est ainsi que je surmonte les petites « tristesses qui surviennent dans ma vie, celles « que m'inspire la vue de tant de misères morales, « et enfin le sentiment de mon impuissance intel-« lectuelle. »

Et, un autre jour, l'abbé Magnier, toujours prompt à consoler des douleurs qu'il comprenait, car il les avait éprouvées souvent, adressait à un ami ces pages où le *mystère de la vie des âmes* est si fortement saisi et si finement analysé :

« C'est un bien profond mystère que celui de la « vie des âmes, et le jour des révélations nous dira « tout ce qu'elles portent en elles. Cependant le re- « cueillement, la vie intérieure, nous découvrent « déjà ici-bas des secrets entièrement inconnus de « ceux qui ne vivent pas en eux-mêmes. Notre « propre âme nous apparaît comme un théâtre « vivant où se reproduit tout le plan divin. Oui, « mon cher, nous portons dans notre âme le monde « entier, tous les mystères de la foi, toute l'admi- « rable économie divine. Faut-il rejeter ce fardeau, « vivre hors de notre âme pour n'être pas opprimés « par le poids de ces mystères? Oh! non, n'ayons « pas peur de porter en nous la pensée de Dieu, « nous surtout qui avons accepté son sacerdoce, « qui nous sommes voués à l'étude et à la contem- « plation de ses mystères, et qui devons initier les « âmes à ces mystères. Une telle vie est lourde « à porter, mais c'est celle que Dieu a faite, et Jé- « sus-Christ l'a menée, passant par la souffrance « pour aller à la gloire. Nous donc qui aimons la « vie chrétienne, entrons-y résolûment, sans re- « culer devant ce que ses mystères ont de redou- « table.

« Parmi ces mystères, il en est auxquels Notre-
« Seigneur associe ceux qu'il aime. *Et assumit Pe-*
« *trum et Jacobum et Joannem secum, et cœpit pa-*
« *vere, et tædere. Et ait illis : Tristis est anima*
« *mea usque ad mortem : sustinete hic, et vigi-*
« *late. Et cum processisset paululum, procidit*
« *super terram, et orabat, ut, si fieri posset, trans-*
« *iret ab eo hora; et dixit : Abba pater, omnia*
« *tibi possibilia sunt, transfer calicem hunc a*
« *me, sed non quod ego volo, sed quod tu* (1).
« C'est bien le mystère de la Passion que renfer-
« ment et qu'expriment ces paroles. La Passion,
« c'est l'état d'une âme que l'amour unit à la vé-
« rité, et qui en même temps se sent coupable et
« reste accablée sous le poids du péché. Tel était
« l'état de l'âme de Notre-Seigneur. Cette âme ai-
« mait la vérité, elle avait une vue profonde des
« beautés et des splendeurs de la vérité, et en
« même temps elle portait sur elle l'écrasant far-
« deau de tous les crimes du genre humain : ce poids
« l'accablait d'autant plus qu'elle était plus pure et
« plus aimante. S'il en était ainsi de l'âme du Sau-
« veur, pourquoi n'en serait-il pas de même de nous,
« qui, comme prêtres, devons porter, à l'exemple

(1) Marc. XIV, 33—36.

« de Jésus, les iniquités de la terre, et qui de plus « avons en nous-mêmes, non pas seulement l'ap- « parence, mais la réalité du mal et tous les pen- « chants mauvais qui luttent contre Dieu ? Notre « Passion, nous y entrerons surtout à ces heures « où d'une part l'amour grandit dans nos âmes, « où d'autre part tout l'impur limon se soulève en « nous. *Cœpit pavere et tædere.* Ne la craignons « point, cette Passion intérieure, et ne la fuyons « pas. Elle n'est réservée qu'à ceux qui aiment. « Tous les Saints, tous les vrais prêtres l'ont tra- « versée. Saint Paul, qui nous apprend que son cœur « surabonde de joie, ne nous dit-il pas aussi que la « vie lui est devenue un dégoût ? Et que ne devait- « il pas souffrir, lorsqu'il était souffleté par Satan ? « Mon ami, nous avons accepté le sacrifice, et la « tristesse est un élément de notre sacrifice. Com- « bien d'ailleurs notre tristesse, à nous, diffère de « celle des gens du monde ! Notre tristesse porte « en elle un principe de résurrection et de gloire : « elle vient de notre attachement à la vérité, et « c'est pour la vérité que nous souffrons.

« Non, je ne vous plains pas : je ne vous plain- « drais que si vous vous laissiez aller au découra- « gement. Mais au fond de votre âme il y a quelque « chose d'un, de toujours identique : l'adhérence

« à Jésus-Christ, au bien suprême. C'est là qu'est « votre âme : le reste n'est rien que des impressions « qui passent et qui seront absorbées par la « vie..... »

Un esprit qui avait si profondément médité le mystère de la vie des âmes, n'avait pu ne voir pas l'obstacle qui partout et sans cesse en menace, en arrête ou en fausse l'élan. Cet obstacle, c'est *la triple concupiscence* : concupiscence de la chair, concupiscence des yeux, orgueil de la vie, qui inspirait à Pascal ce formidable gémissement : « Malheureuse la terre de malédiction que ces trois « fleuves de feu embrasent (1)! » L'abbé Magnier se demande en quoi consiste cette concupiscence maladive qui trouble toutes nos puissances, qui s'attaque aux sources de la pensée comme à celles de l'amour, et qui les souille ou les dessèche. On n'exigera point du jeune prêtre qui s'est posé cette question et qui a essayé d'y répondre, la profondeur d'analyse avec laquelle le P. Gratry a étudié *les deux foyers*, ni l'éloquence tout ensemble hardie et chaste avec laquelle l'éloquent penseur a dépeint l'*abus de la lumière* et l'*abus du feu* (2). Il y aura cependant, croyons-nous, quelque intérêt et

(1) Pensées de Pascal, édition, Frantin, ch. XI, n. XIII.
(2) *Connaissance de l'âme*, livre IV, ch. I.

quelque profit à lire les pages que l'abbé Magnier a écrites sur ce sujet où se rencontrent la psychologie qui pose le problème et la théologie qui le résout :

« Il s'agit, » dit l'abbé Magnier, « d'expliquer « les trois concupiscences. En toute vie, il y a un « principe, un objet, une fin. Telle est la vie de « Dieu. Dieu vit nécessairement dans l'acte de cette « connaissance en laquelle il engendre son Verbe ; « sa vie, il la consomme en s'unissant à son Verbe « dans la jouissance de l'amour. Dieu est lui-même « le principe, l'objet, la fin, qui n'ont jamais passé « de la puissance à l'acte, mais qui sont.

« La créature, parce qu'elle est une créature, « n'est ni son principe, ni son objet, ni sa fin : « c'est Dieu qui est tout cela pour elle. Vous savez, « cher ami, vous qui êtes un bon thomiste, com- « ment nous avons Dieu pour principe, puisque « nous ne pouvons agir qu'en union de principe « avec Dieu dont l'action nous domine. Vous « savez encore que nous n'avons qu'un seul *objet*, « qu'un seul *bien* : la vérité que nous possédons, « parce que la première elle nous possède. Vous « savez enfin qu'il n'y a qu'un seul bien, mobile se- « cret qui communique le mouvement à toute la « hiérarchie des êtres, et que ce bien c'est Dieu.

« L'homme donc doit vivre en union de principe « avec Dieu, ne connaître et ne posséder que Dieu, « pour ne jouir que de Dieu.

« Or, le péché a renversé l'ordre de la nature. « L'homme, se séparant de Dieu, a voulu ne vivre « que par lui-même (orgueil de la vie), ne con- « naître et ne posséder que lui-même (orgueil des « yeux qui renferme la curiosité et la cupidité), « pour ne jouir que de lui-même.

« L'orgueil de la vie, c'est le premier tressail- « lement de la vie séparée d'avec Dieu.

« Séparée d'avec Dieu en tant qu'il est son prin- « cipe, l'âme ne peut plus avoir Dieu pour objet et « ne peut plus le posséder. C'est l'intelligence qui « voit et qui en voyant possède. C'est par elle seu- « lement que nous voyons et que nous possédons. « Aussi la curiosité est-elle intimement jointe à la « cupidité et se confond avec elle. A vrai dire, les « trois grandes curiosités se confondent avec les « trois cupidités.

« 1° *Curiosité des sens.* Nous regardons le « monde extérieur séparément d'avec Dieu, sépa- « rément d'avec le Verbe qui en est l'ordre et la « beauté. Dès lors, le monde extérieur n'est plus « comme un bien universel dont tous peuvent « jouir sans partage ; il se divise, il devient un bien

« particulier que chacun ne peut posséder qu'à « l'exclusion d'autrui. De là la cupidité des biens « terrestres.

« 2° *Curiosité de l'intelligence.* Le regard de « l'homme qui souille la nature visible, souille « aussi les régions de l'intelligence. L'homme isole « la vérité d'avec Dieu ; dès lors, les sciences per- « dent leur consistance et le fond qui les porte. « Devenu cupide de la vérité, l'homme veut la « posséder tout seul, en usurper le monopole, s'é- « lever au-dessus du pauvre peuple, et, oubliant « Dieu, dire : la vérité c'est moi !

« 3° *Curiosité du cœur.* L'homme isole le bien « moral d'avec Dieu. Il veut posséder la vertu, mais « il la sépare d'avec Dieu. C'est là une véritable « cupidité dont parle très-bien M. Olier dans ses « chapitres *sur la Pauvreté.* Mais l'homme ne « possède que pour jouir. Dieu n'est plus son prin- « cipe, sa pensée, son terme : de quoi donc « l'homme jouira-t-il? La vérité, la vertu, dès « qu'elles sont séparées de Dieu, perdent leur carac- « tère de règle; elles perdent aussi tous leurs « charmes, dès qu'elles cessent d'être objectives. « De quoi donc l'homme jouira-t-il alors ?.... Dans « quels abîmes, mon Dieu, se précipitent et se « consomment les vies séparées d'avec vous !

« Vous voyez, mon ami, quel lien logique, je « dirai plus, vital, unit ensemble les trois concu- « piscences. Par où commence-t-on? En appa- « rence, c'est quelquefois par la curiosité qui re- « garde les choses séparément d'avec Dieu, qui « regarde les contingents en eux-mêmes, souvent « c'est par la sensualité. Mais, au fond, c'est tou- « jours par l'orgueil de la vie. On oublie Dieu : or, « oublier Dieu, vivre comme si l'on était indépen- « dant de Dieu, c'est de l'orgueil. Au contraire, « dès que l'on est uni à Dieu par l'humilité, on l'a « pour principe et pour fin. Soyons humbles : tout « est là. »

Ainsi s'écoulait la vie de l'abbé Magnier parm les saintes pensées, les hautes spéculations, les labeurs féconds de l'enseignement. Quelque chose manquait cependant au plein contentement de son âme. Il ne regardait le séminaire de Beauvais que comme un lieu de passage, et, quelque douceur qu'il y goûtât, il aspirait à trouver ailleurs un asile où il pût engager irrévocablement sa vie, sous la garde de l'obéissance et dans les liens de la fraternité religieuse. « Il est bien vrai, » écrivait l'abbé Magnier, « que nous ne vivons pas dans le présent, « mais dans notre passé et dans nos espérances. » C'est vers l'Oratoire que ses espérances le portaient;

là, il comptait s'abreuver aux larges sources de la piété des Bérulle et des Condren, ressaisir la chaîne des doctrines théologiques qui, au premier âge de l'Oratoire, avaient eu dans Thomassin un glorieux représentant, donner un but à son activité, et la rendre plus féconde en la courbant sous la règle. Toutes ces espérances, si légitimes qu'elles fussent, ne devaient pas s'accomplir. La mort le guettait déjà ; il allait bientôt en entendre au dedans de lui l'inexorable réponse, et soutenir contre les progrès continus d'un mal sans remède une lutte de plus en plus impuissante. Cet avenir que l'abbé Magnier voulait consacrer au service de Dieu et des âmes dans la congrégation de l'Oratoire, se réduira pour lui à un petit nombre d'années ; ces quelques années, il ne les remplira même point des travaux qu'il rêve.

N'ayant qu'un jour à vivre, il ne peut l'achever (1)!

Certes, quand l'abbé Magnier, le 15 octobre 1863, entrait dans l'humble maison de la rue du Regard, pour y commencer son noviciat, il ne prévoyait pas qu'il le terminerait à grand'peine, et qu'à partir de l'issue des épreuves de la première

(1) Malherbe.

année, jusqu'à sa fin, il errerait souvent loin de la demeure qu'il avait choisie, à la poursuite d'une guérison toujours fuyante. Mais qu'importe l'avenir ? L'avenir est dans les mains de Dieu, qui laisse les uns vieillir sous le feu de la mêlée terrestre, et qui en retire les autres avant l'heure que notre courte et caduque sagesse aurait marquée. La seule chose que Dieu demande de nous, — et l'abbé Magnier ne la lui refusait pas, — c'est la simplicité du cœur (1) qui donne tout, qui d'avance consacre au Maître l'avenir comme le présent, et lui livre les espérances et les rêves comme les réalités.

(1) *Ego in simplicitate cordis mei lætus obtuli universa hæc.* (I Paral. XXIX, 17.)

III

En octobre 1863, l'Oratoire n'avait pas encore transporté son noviciat à Tours, et c'est à Paris que l'abbé Magnier devait se former à la vie oratorienne. Lui-même nous dira quels exercices et quelles pensées remplirent l'année de sa probation religieuse :

« Me voilà donc entré dans une vie nouvelle, » écrivait-il le 4 décembre 1863. « Je vous assure « que je me trouve très-bien de l'année qui com« mence, et que je la crois vraiment providentielle « pour moi. Ce qu'il me fallait, ce n'étaient point « les distractions extérieures du ministère, au « milieu desquelles mon âme serait demeurée tout « interdite et toute froissée par suite d'une si « brusque transition. Il lui fallait une année de « recueillement, de repos, où elle puisse prendre « une tranquille possession d'elle-même, de toute « cette vie intérieure qui s'était amassée en elle. « Or l'année du noviciat est merveilleusement or« ganisée pour produire en moi cet effet. Je n'ai

« plus à me dépenser comme je le faisais dans « mes classes, dans les sujets d'oraison que je de- « vais donner, etc. D'autre part, je n'ai plus de « nouvelles découvertes à faire dans les hauteurs de « la vérité, je n'ai plus à prendre mon vol vers des « cieux inconnus. Certes, il me reste immensément « à apprendre, mais s'il s'agit de l'étendue des ho- « rizons, s'il s'agit des montagnes élevées qui nous « font battre le cœur, je crois que mon regard est « allé aussi loin qu'il pouvait aller, aussi haut qu'il « pouvait monter, et je n'espère plus de nouvelles « ascensions. Je travaillerai sans fin, si Dieu me « donne des forces, sur le fond de ma pensée, mais « je ne le reculerai guère maintenant. Que faire « donc de tout mon temps ? Je reviens sur moi- « même, j'entre avec calme dans la possession du « vrai dont la vue m'a tant de fois ému..... On m'a « mis la Bible entre les mains, en me disant d'y « chercher les traces du plan divin, de la pensée « éternelle de Dieu sur le monde. Pareillement, on « m'a remis entre les mains le cardinal de Bérulle, « en me disant d'étudier sa pensée, sa conception « qui résume le monde en Jésus-Christ. Plus tard, « ce sera le P. Thomassin, son *Traité de l'Incar- « nation*. Un temps est fixé pour chacune des occu- « pations qui reviennent à heures fixes. Le matin,

« j'étudie l'Ancien Testament et le cardinal de Bé-
rulle; le soir, le Nouveau Testament. Ajoutez à « cela quelques études accessoires pour repasser le « grec et la théologie morale. En outre, le P. de « Valroger m'a donné un ouvrage de philosophie « à analyser pour assouplir mon esprit. Voilà mes « journées. Et continuellement j'ai la plume à la « main. Je reconnais mes pensées d'autrefois, et je « les examine pour les fixer.... Plus de fièvre intel- « lectuelle, mais un travail reposé, joint à l'exercice « des petites vertus dans l'œuvre de la sanctification « intérieure. Je suis sûr que vous comprendrez « que cette année est celle qui me convient le « mieux, et que si je dois exercer le ministère, « c'est après et non pas avant elle. Priez le bon « Dieu pour que j'en profite... »

A l'Oratoire, l'abbé Magnier — que nous nommerons désormais le P. Magnier — retrouvait d'anciens condisciples de Saint-Sulpice, et en particulier le P. de La Bastie, auquel il avait voué depuis longtemps son estime et son amitié. « J'ai « ressenti, » écrivait-il dès le 22 janvier 1860, « tout ce qu'il y avait de simplicité, de grandeur « dans son âme, d'amour de Dieu et de l'Église, et « je me suis senti attiré vers lui. » Un commerce plus fréquent et plus intime avec le P. de la Bastie accrut encore l'affection, je dirai même l'admiration que le P. Magnier éprouvait pour lui. « Au « moral, » disait-il à M. l'abbé Rougeot dans une lettre du 10 juillet 1864, « c'est toujours l'homme « que vous avez connu; c'est toujours la même « vivacité d'intelligence, la même élévation de « pensée, jointe à cette fraîcheur, à cette déli« catesse de l'âme qu'il est difficile de ren« contrer à un aussi haut degré. Ajoutez à cela « une expansion qu'il a prise au contact du monde, « vers lequel il veut maintenant aller, pour s'em« parer de tout ce que le monde a de bon, de vrai, « de généreux. On est agréablement frappé de la « naïveté et de la hauteur de ses vues sur l'état « actuel, sur le bien qu'il faut faire, sur la manière « de l'accomplir.... Je désirerais beaucoup que « nous puissions vivre ensemble : il me faut quel« qu'un qui possède ce que j'ai avec ce qui me « manque. »

Hélas! ils ne doivent pas vivre ensemble. La loi de la dispersion les atteindra, même dans l'asile où ils eussent pu se croire en sûreté contre elle; ils comprendront, par leur propre expérience, la navrante vérité de cette pensée du P. Gratry : « Les « âmes ne se voient un instant que pour passer et « se quitter. Elles se saluent, s'embrassent et se

« séparent (1). » Je l'ai dit ailleurs, « le P. de La « Bastie était comme l'oiseau visiteur de nos cli- « mats qui, aux approches de l'hiver, déploie son « vol vers des cieux plus doux. » Le P. Magnier, lui aussi, sera forcé de l'imiter. C'est dans une lettre du 12 juin 1864 que le P. Magnier se plaint, pour la première fois, de l'état de sa poitrine. « Ma santé a subi un échec pendant ces der- « niers jours, et le docteur Cruveilhier pense que « j'ai besoin d'un repos absolu. Ma poitrine est « fatiguée, sans être sérieusement atteinte, et il me « soumet à un petit régime de poitrinaire. » On lui prescrivit un séjour de quelques semaines dans sa famille. Le P. Magnier revint à Paris, plein d'une ardeur que ses forces, hélas! devaient vite trahir. « Enfin, » écrivait-il le 12 août 1864, « me « voilà rentré au lieu du travail... On me donne « déjà une petite occupation extérieure en me char- « geant de faire un cours d'instruction religieuse « aux novices des Dames de la Retraite (2). C'est « un peu plus qu'un catéchisme de persévérance, « et, comme le cours est étendu, il me permettra

(1) *Connaissance de l'âme*, livre V, ch. III, *le lieu de l'immortalité* (*suite*).

(2) Les Dames de la Retraite ont depuis lors transféré leur noviciat de Paris à Versailles.

« d'entreprendre des travaux utiles. Le plus grand « avantage que j'en retirerai, si je réussis, sera de « m'habituer enfin à rendre les grandes vérités « accessibles aux intelligences et aux cœurs. Vous « savez ce que sont les femmes : elles saisissent « facilement ce qui est élevé, pourvu qu'il leur « soit présenté d'une manière vive et spontanée « qui mette en éveil toutes les facultés de leur « âme... Probablement que j'aurai à débuter par les « traités *de Dieu* et *de la Trinité*. Vous me dites « que je m'expose à m'élever en ballon pour aller « tomber comme Nadar dans quelque endroit de « l'Allemagne. Mais, d'autre part, je ne suis pas « encore suffisamment préparé pour bien traiter « les matières plus concrètes, comme les traités *de* « *la Religion* et *de l'Église*. En lisant beaucoup « Bossuet, je m'efforcerai de faire briller ces vérités « si hautes dans une lumière douce et tempérée « qui éclaire sans éblouir... Je ne sais ce que je « pourrai jamais faire, mais je veux au moins faire « mon possible; et que la volonté de Dieu se fasse! « Après tout, nous n'avons qu'à nous sanctifier, « et c'est cela seul que le bon Dieu nous deman- « dera. Je vous assure qu'il me faut du courage et « de la résignation, quand je considère d'une part « l'ardeur qui m'anime, et de l'autre mon impuis-

« sance. Priez pour mon âme, afin qu'elle soit bien « docile à suivre les voies de la Providence, et « qu'il advienne d'elle ce que Dieu voudra. »

Le P. Magnier passa dans des alternatives d'espérances et de craintes l'hiver qui reliait 1864 à 1865. « Ma santé se refait, » écrivait-il en février 1865, « et après Pâques je crois que je ne « m'occuperai plus du tout de ma santé, qui sera « consolidée. Ensuite je me mettrai à travailler « suivant mes forces. Il me faut actuellement « beaucoup d'énergie, parce que je ne puis encore « entreprendre une œuvre déterminée, et cependant je suis dévoré d'une activité intérieure qui « aura besoin de se fixer. »

Pour fixer cette activité, on lui proposa d'aller passer une année au grand séminaire de Beauvais et d'y professer l'Écriture sainte, sans rompre toutefois les liens qui l'attachaient à l'Oratoire; de l'aveu de ses Supérieurs, le P. Magnier accéda à cette demande et passa à Beauvais l'année scolaire 1865-1866. En juillet 1866, il prononça à Noyon, sa ville natale, à une séance de la Société de Saint-François-Xavier, un discours *sur la constitution et les conditions d'existence des nations*. Nous le reproduisons, à la fin de ce travail, d'après la *Foi Picarde* du 4 août 1866. On était alors au lendemain de Sadowa, et au fort d'une persécution qui sévissait contre la Pologne. Ces événements douloureux avaient allumé dans l'âme du P. Magnier une indignation généreuse, dont tout son discours porte la trace brûlante. Hélas! il devait échapper, par une mort prématurée et cependant opportune, au spectacle d'autres douleurs : l'homme qui, dans un langage si élevé et si ferme, expose ce que j'appellerai la *caractéristique* des nationalités, ne verra point la patrie française mutilée et saignante; il n'aura point à pleurer sur l'âme de la France cherchant en vain les membres qu'elle vivifiait autrefois, et qu'une conquête barbare lui a ravis!

Oserai-je dire que, dans la patrie comme dans l'homme, le P. Magnier distingue deux éléments, la *matière* et la *forme*, le corps et l'âme? Le corps de la patrie, ce sont les provinces qui la composent, ce sont les populations, diverses parfois d'origine, de langue et d'usages, qui habitent ces provinces. L'âme c'est ce je ne sais quoi de mystérieux mais de très-réel et de très-visible qui anime, qui *informe* ces éléments divers, qui les domine et les ramène tous à une puissante et vivante unité. Les nations existent, elles ne sont pas, elles ne seront jamais, pour rappeler un mot célèbre, des *expres-*

sions géographiques; leur existence est voulue de Dieu, et c'est lui-même qui réalisait son éternel décret « quand il divisait les peuples, quand il « séparait les fils d'Adam » (1). D'autre part, la patrie ce n'est exclusivement ou principalement ni le sol avec ses contours fermes ou indécis, ni les origines, ni la langue, ni les mœurs communes, ni les communs intérêts. Chacun de ces éléments a son importance, chacun d'eux peut entrer dans la constitution d'un peuple, aucun pris isolément ne saurait créer une patrie, et même réunis ils pourraient ne suffire pas à en former une. La politique a essayé de fondre en un seul royaume la Hollande et la Belgique, que tant d'intérêts et de souvenirs semblaient rapprocher, et l'on sait ce que cette union a duré. En vain, au nom de l'histoire, au nom de l'ethnographie, au nom de la linguistique, la science allemande s'efforce-t-elle de légitimer les récentes annexions accomplies par la force allemande : l'intime et invincible conscience de l'Alsace et de la Lorraine proteste contre les arguments tirés e l'ethnographie, de la linguistique et de l'histoire, et, je l'espère, elle aura le dernier mot. C'est que, pareils au corps le mieux organisé qui n'est rien et ne peut rien si l'âme ne le vivifie,

(1) Deuter. xxxii, 8.

ces éléments n'ont aucune valeur ni aucune force, tant qu'un élément supérieur n'est pas venu leur communiquer la vie. Que l'âme paraisse, et la patrie existe. Certes, par les mœurs, par les origines, par les souvenirs, Lille est plus proche de Bruxelles que de Toulon; Quimper et Toulouse, Besançon et Orange se ressemblent assez peu. Oui, mais des Alpes à l'Océan, de la mer du Nord à la Méditerranée et aux Pyrénées, vit et règne une seule âme qui s'est assimilé des éléments divers, hétérogènes si l'on veut, qui à tous ces éléments a donné un même mouvement, une même vie, et qui d'eux tous a fait autant de parties intégrantes de la personnalité française, dont elle est le principe, le centre et le lien. Les théoriciens du césarisme et de la révolution pourront, parfois à leur profit et parfois aussi à leur dommage, nous présenter ou les frontières naturelles, ou les bassins, ou la langue commune, ou les communes origines, comme l'élément principal, voire même comme l'élément unique de la nationalité : leurs systèmes sont faux, parce qu'ils sont incomplets, parce qu'ils sont matérialistes, parce qu'ils ne tiennent compte que de l'élément le plus infime, le corps, et que la notion de l'âme en est absente.

Cette intelligence généreuse et candide, qui n'aimait que la justice et qui, durant de longues années, semblait n'avoir entrevu le mal que de loin et comme en passant, devait cependant, avant de disparaître, en recevoir ladouloureuse révélation. « Depuis quelque temps, » écrivait-il en cette « même année 1866, j'ai beaucoup vécu, non pas « dans l'idéal, mais dans la réalité. Un monde se « révèle, celui du mal qui est en nous, hors de « nous, *foris pugnæ*, *intus timores*, et contre le« quel il faut constamment lutter. Quiconque veut « vivre en homme ici-bas doit être armé pour le « combat. »

L'année 1866 fut marquée par la mort du P. de La Bastie. Le P. Magnier avait suivi de loin les pérégrinations de son ami à la recherche d'une santé qui ne devait pas venir. Quelques années plus tôt, il avait tracé de cet étrange et charmant voyageur un portrait assez piquant. « Le P. de La « Bastie, » écrivait-il, « est maintenant en Algérie, « où il restera tout l'hiver, pour nous revenir au « printemps. Mais il s'occupe toujours beaucoup « plus de ses livres que de lui-même. Il est perdu « en Algérie avec les œuvres de trente ou trente« cinq théologiens (vieux bouquins qu'aucune « main d'homme n'a ouverts depuis un siècle),

« pour étudier le péché originel, et depuis lors on « n'a de ses nouvelles qu'indirectement par sa tante, « qui nous apprend qu'elle a su, elle-même indi- « rectement, qu'il a attrapé un fort rhume. Quant « à lui, j'ignore s'il le sait : il étudie dans ses théo- « logiens la question du péché originel... »

Au mois d'avril 1866, la mort frappa le P. de La Bastie, au grand regret de tous ses confrères, et en particulier du P. Magnier. « Il est mort dans un « grand sentiment de résignation et avec simplicité, « comme il avait vécu, » écrivait le P. Magnier de l'ami qui l'avait devancé; savait-il que ce départ était pour lui un avertissement, et que bientôt il rejoindrait dans un monde meilleur son condisciple de Saint-Sulpice et son confrère de l'Oratoire?

« Ma santé est bonne et je parais rétabli, » écrivait le P. Magnier au mois de juillet 1866. Hélas! il était le seul qui crût à ce rétablissement de sa santé. Après avoir consacré au grand séminaire de Beauvais l'année scolaire 1865—1866, il revint à Paris, mais l'état de sa poitrine ne lui permit point d'y passer l'hiver. Lui aussi, comme précédemment l'abbé Perreyve et le P. de La Bastie, et non moins inutilement qu'eux, dut s'acheminer vers le Midi. « Je suis à Hyères depuis la fin de décembre, » écrivait-il en janvier 1867. « Je ne vais pas plus « mal, au contraire, je vais beaucoup mieux, mais « j'ai cru devoir prendre ce parti pour obtenir une « guérison plus radicale. Jusqu'à présent pas trop « d'ennuis..... La campagne est gracieuse, mais ce « qu'il y a d'incomparable, pour moi du moins « qui n'ai pas vu l'Italie, c'est la beauté du ciel, « l'éclat de la lumière. Que tout cela semble bon en « hiver, tandis que vous êtes perdus au milieu des « neiges..... De ma chambre, je vois les flots azurés « de la Méditerranée et les collines qui se perdent « dans le lointain..... »

Mais ce ciel transparent, ces flots d'azur, ces champs où passaient les premiers souffles et les premiers parfums du printemps, ne pouvaient rendre la santé à ce malade qui s'obstinait en vain à la poursuivre. Des raisons particulières le forcèrent à quitter Hyères pour Menton, et il s'y rencontra avec l'abbé Vollot, prédestiné lui aussi à une mort prématurée. L'abbé Vollot avait été contraint de suspendre ses études bibliques, et ce cours d'Ecriture sainte inauguré à la Sorbonne avec un si rare talent, comme le P. Magnier avait dû laisser et ses travaux théologiques et sa cellule d'oratorien. Nobles et touchants jeunes hommes, à qui il n'a pas même été donné de réciter, en se l'appliquant, le cantique d'Ezéchias : *In dimidio dierum meorum vadam ad portas inferi*, qui n'ont pu atteindre les puissantes années de la maturité, et qui sont tombés aux premiers feux du jour, emportant avec eux le brillant et fécond avenir qu'ils semblaient promettre à l'Eglise.

Au retour du printemps, le P. Magnier quitta le Midi et revint à Noyon. Ses confrères de Paris ne le virent plus que rarement : l'état déplorable de sa poitrine lui rendait impossible la pratique de la vie commune, et sa famille désirait lui prodiguer des soins devenus indispensables. A partir de ce moment, un voile descend sur la vie du P. Magnier; il se cache, il se tait; il semble préluder par cette solitude et par ce silence à la solitude que crée la mort et au long silence qui la suit. Ses derniers jours furent tristes, et les rares lettres que le P. Magnier date de cette époque mettent à nu le chagrin qui navrait son âme. Le jeune prêtre qui n'avait rêvé que l'action, qui avait regardé la vie comme une bataille et comme une moisson, allait s'éteindre sans avoir lutté pour l'Église et sans avoir donné son fruit. Il se résigne sans doute, car il n'a pas été constitué en vain l'homme du sacrifice, il étouffe en lui des regrets qui pourraient offenser le bon plaisir divin, et dans la résignation il trouve la paix; mais sa paix, comme celle d'Ézéchias, est pleine d'amertume (1). « C'est mon âme « surtout qui a besoin de lumière et d'espace, » écrivait-il le 18 novembre 1867. « .... Désen-« chantée, elle demeure comme écrasée sous le « poids de ces mondes vers lesquels elle s'élançait « avec tant d'amour.... Mais qu'importe ce qui se « passe au fond d'une âme ? Et puis, broyée comme « tant d'autres, elle peut encore glorifier Dieu et « trouver ainsi sa place dans l'ordre de la création. « Que ceci soit dit pour vous seulement, car je « n'aime pas à révéler ces pensées, ni même à m'y « arrêter moi-même, quoiqu'elles fassent le fond « intime de mon âme. Mais ce fond doit rester « caché. Il faut agir ici-bas, et comme nos actes « sont essentiellement partiels et accidentels, ils « doivent couvrir le fond, la substance de nos âmes. « Elle se dérobe sous la poussière du champ de « bataille. Mais hélas ! moi, je suis loin de ce « champ de bataille, et je me consume. »

Ne nous étonnons pas, ne nous plaignons point de la tristesse qui, aux derniers jours, envahissait notre ami. Ces secrètes tortures le purifiaient, et si la terre où il avait passé n'offrait à ses yeux qu'un

(1) *Ecce in pace amaritudo mea amarissima.* Isaïe XXXVIII, 17.

désert plongé dans la nuit, le ciel lui découvrait toutes ses splendeurs. Le P. Magnier se prépara sans terreur et avec une humble confiance au grand jour qu'il avait attendu. « Jamais, » a écrit un de ses amis(1), « on n'entendit une plainte sortir de sa « bouche, et son regard et sa pensée cherchaient « constamment, au milieu de ses longues souf- « frances, la consolation, la force, la joie des mar- « tyrs, la croix du Sauveur. La veille de sa « mort (2), il reçut le saint Viatique et l'Extrême- « Onction avec les sentiments d'une piété qui n'a- « vait rien de la terre; il ne croyait pas à une mort « si prompte cependant, et Dieu vint appeler sa « belle âme sans qu'il ait vu venir le moment de « sa délivrance. »]

Aux approches de son ordination sacerdotale, Jules Magnier, tout plein de l'esprit des Condren et des Olier, avait écrit : « Si l'on veut offrir tous les « jours le saint sacrifice avec la conscience de l'œuvre « que l'on consomme, il est impossible de ne pas « sentir le besoin de faire de tous les instants une « prolongation en nous du sacrifice, puisque la « Victime à laquelle nous nous unissons a dit, « et dit éternellement : *Ecce venio*. Oui, il

(1) M. l'abbé Lecot, dans la *Foi Picarde* du 18 avril 1868.
(2) Elle arriva le 10 ou le 15 avril 1868.

« faut que tous nos moments, sans en excepter un « seul, soient dans la vie de tous les prêtres l'écho « prolongé de cette seule et unique parole pro- « noncée une fois par l'unique prêtre pour ne dé- « faillir jamais (1). »

Les résolutions de sa jeunesse, Jules Magnier les avait fidèlement tenues; toute sa vie sacerdotale avait été l'*écho prolongé* de cet *Ecce venio* qu'il avait redit chaque matin en union avec la Victime sainte. Aussi la mort n'était-elle pas pour lui ce qu'elle est, hélas! pour trop de chrétiens : le commencement imprévu d'un douloureux sacrifice; elle était la consommation glorieuse et le radieux couronnement du sacrifice qu'il n'avait pas cessé d'offrir. Elle le portait au sommet de cet autel dont il avait si souvent gravi les marches; elle l'introduisait dans la région ou l'Agneau debout (2), comme au Calvaire, montre encore au Père ses plaies rédemptrices. Notre espérance l'y cherchera désormais, et notre espérance ne sera pas déçue.

(1) Lettre à M. l'abbé Le Monnier, du 13 juin 1860.

(2) *Et vidi... et ecce... agnum stantem tanquam occisum.* Apoc. v, 6.

DE LA CONSTITUTION

ET DES

CONDITIONS DE L'EXISTENCE DE DIEU

DISCOURS

Prononcé par le P. Magnier à la séance de la Société de Saint-François-Xavier de Noyon, le dimanche 29 *juillet* 1866.

De grands événements se sont accomplis dans le cours de ce mois, vous n'y êtes point restés indifférents, vous en avez causé longuement entre vous, c'est bien. Car nous ne sommes point isolés sur cette terre. Nous tenons par des liens sacrés à notre patrie, et notre patrie tient elle-même à toutes les nations de la terre. De là vient que les grands événements qui s'accomplissent dans le monde doivent retentir dans nos cœurs, non point seulement pour y exciter notre curiosité, ou bien une vaine frayeur, mais afin d'y réveiller les généreux sentiments qu'inspirent l'honneur et la justice.

Vous pensez bien cependant que je ne vais vous entretenir de ces grands événements ni pour les raconter ni pour les commenter. Cela ne nous est pas permis. La raison de cette défense je la comprends parfaitement et je l'approuve. Ne craignez donc pas que je vienne l'enfreindre. Mais puisque nous avons eu et que nous avons encore sous les yeux ce grand spectacle des nations émues, j'en profiterai pour m'élever un instant avec vous jusqu'à ces vérités que l'histoire n'a point faites, mais qui la règlent et la dominent dans son ensemble. Je vous dirai ce que c'est qu'une Nation ; comment les Nations se relient toutes dans l'unité; enfin quel est leur rapport essentiel avec une société qui en est distincte, et dont d'abord, remarquez-le bien, je ferai abstraction, la Société religieuse. Je le répète, il ne s'agit point ici de politique, mais de vérités, de Notions premières, qui sont de tous les temps et de tous les lieux, et que je voudrais faire briller et resplendir dans vos âmes.

I

Qu'est-ce donc qu'une Nation et qu'est-ce que le monde des Nations? L'année dernière, je vous définissais la personne et je vous disais : ce qui distingue, ce qui sépare les personnes d'avec les *choses*, c'est que les *choses* n'ont point en elles le principe dirigeant de leurs actions, emportées qu'elles sont par des lois fatales. Les personnes, au contraire, sont maîtresses d'elles-mêmes;

et prenant possession d'elles-mêmes dans les clartés de la vérité, elles se nomment, elles disent : Moi. La personne, ainsi qu'un soldat, défend ses propres frontières, et à toute force aveugle et brutale elle dit : tu ne pénétreras pas dans le sanctuaire intime de ma personnalité, tu ne me toucheras pas : je suis inviolable. Eh! bien, le monde des Nations appartient au monde sacré des personnes.

Dans l'ordre inférieur des choses, nous voyons ces myriades d'atomes qui composent l'univers soumis aux lois de l'attraction et de la répulsion. Ils s'attirent et se repoussent, et forment ainsi tous ces composés multiples, aux propriétés, aux qualités diverses, que la science étudie. Et ces corps dispersés de çà, de là, dans les espaces, se rassemblent dans une majestueuse unité que l'on appelle le monde. Le mot « monde » en grec, signifie « ordre, beauté, harmonie. » Quelque chose de semblable s'accomplit dans le monde des personnes. Les personnes ne restent pas isolées : elles s'attirent ou s'éloignent, et forment ainsi, opposées les unes aux autres, ces masses compactes et vivantes des nations. Mais la force qui les rassemble n'est pas une force physique et fatale ; c'est une force volontaire et libre. Les personnes, sans faire abnégation de leurs droits et de leur dignité, s'unissent entre elles, et leur union porte un nom sacré, s'appelle un *contrat*. Ce contrat, il est vrai, n'est pas écrit sur du parchemin. Qu'importe ? il est écrit en meilleurs caractères dans la vie de la nation.

Cette doctrine qui fait reposer l'existence de la nation sur un contrat implicite, où l'ai-je puisée? Est-ce seulement dans les inspirations des sociétés modernes? Non pas là seulement. C'est dans nos vieilles théologies : dans Suarez, un docte jésuite du XVIe siècle, qui n'est lui-même ici que le commentateur de saint Thomas, un moine du moyen âge. Sous cette puissance mystérieuse du contrat, la nation s'organise, elle devient un corps vivant. Comme tout corps, elle a la tête qui commande, le cœur qui inspire, et les membres qui obéissent. Mais il n'y a partout dans ce corps qu'une même âme, l'âme de la nation. Et la nation formée par l'union libre des personnes est elle-même marquée du sceau de la personnalité. Comme la personne, elle est responsable; comme la personne, elle a ses droits et ses devoirs et elle est digne de gloire et d'opprobre; comme la personne, enfin, elle se distingue, se sépare elle-même de tout ce qui n'est pas elle, elle se nomme, elle dit : moi. Moi, je suis la France; moi, je suis l'Espagne; moi, je suis l'Angleterre. Et chaque nation s'est fait un signe dans lequel elle se concentre et se ramasse tout entière, se pose et s'affirme vis-à-vis des autres nations : ce signe, c'est le drapeau. Voilà pourquoi le drapeau émeut nos cœurs : dans ses plis flottants vivent et tressaillent des millions d'âmes dont il porte les destinées.

II

Prenez le globe dans vos mains et voyez toutes les nations qui s'en partagent la superficie. Le plus souvent elles sont séparées les unes des autres par des frontières naturelles, des fleuves, des montagnes, des mers. Mais il est une autre frontière invisible et brûlante ; c'est l'esprit de la nationalité, ce je ne sais quoi qui vibre au cœur et fait qu'ici on est Français, tandis que là-bas on est Anglais. Et tous ces peuples divers, distincts les uns des autres, entrent cependant en relations pour se relier dans l'unité. A travers les Océans, d'un bout du monde à l'autre, les nations échangent les richesses de leur sol, les produits de leur industrie, les merveilles de leurs arts. Elles s'appellent et se répondent; et leur parole, portée par le fluide électrique, vole, rapide comme la pensée. Qu'elle est belle cette harmonie du monde des nations!

Mais, hélas! vous le savez bien, cette harmonie est trop souvent troublée. Si les astres du firmament roulent en paix dans leur orbite, sans jamais se rencontrer pour se briser, il n'en est pas ainsi des nations. Semblables à des nuages chargés d'électricité, parfois elles se rencontrent, s'entrechoquent; l'éclair jaillit et le tonnerre retentit au loin en échos prolongés, le tonnerre des batailles. Faut-il s'en étonner? Le but des nations, c'est leur bonheur, leur prospérité temporelle. Mais le bonheur d'une nation ne peut-il pas être l'ennemi du bonheur d'une autre nation? chaque peuple cache au fond de lui-même une puissance, une activité, une énergie, qui aspire à se développer, à s'épanouir. Mais, comme toutes les énergies de la terre, elle rencontre une barrière qui arrête son élan; cette barrière, c'est la personnalité des autres qui l'enveloppe et l'enserre comme dans un cercle de feu. Mais si une nation est plus puissante par sa masse et par ses armes, ne tente-t-elle pas d'envahir ces nations voisines, pour absorber dans son sein leur personnalité?

Nous avons sous les yeux un exemple de cet attentat à la vie des nations, que nous pouvons citer, parce que, quoiqu'il soit contemporain, cependant il n'est que l'achèvement, la consommation d'une œuvre ancienne, déjà jugée avec la maturité de l'histoire. Je veux dire la spoliation de l'infortunée Pologne. La Pologne! Voilà bien une nation vivant d'une vie personnelle jusque dans la défaite et dans la mort. Quatre fois, de nos jours et en l'espace de quelques années, elle s'est relevée sous la main de fer du tzar, et quatre fois (ce n'est pas de la poésie que je fais), quatre fois sa personnalité frémissante a été refoulée. Ce qu'il y a de brave, de généreux dans ce peuple, a été décimé, décimé par le fer, décimé par l'exil, et ces valeureux enfants de la Pologne sont dispersés au milieu de nous, emportant dans leur cœur leur patrie qui ne meurt pas, et qu'avec leur sang ils lèguent à une postérité vengeresse.

Et s'il n'était point une justice, dont je parlerai tout à l'heure, qui domine les nations et se fait toujours respecter par quelque endroit, nous verrions les peuples s'élever les uns contre les autres comme les vagues de l'Océan. Aucune main ne serait assez puissante pour équilibrer leurs flots frémissants. Qu'on ne dise pas que cet équilibre s'établirait par la force naturelle des choses : il est vrai, dans l'ordre inférieur de la nature nous voyons, spectacle étrange, les diverses classes d'êtres se faire jour, se faire place au soleil, à travers la destruction, et cependant, malgré cela, par cela même, l'équilibre se maintenir. Mais il ne peut en être pareillement lorsque nous passons au monde despersonnes. Car, tandis que l'activité des choses est restreinte par la sphère déterminée de la nature, les personnes ont le triste privilége de pouvoir bouleverser la nature, parce qu'elles agissent, elles, par l'intelligence, dont l'objet propre est l'universel et que le terme dernier de leur activité, qu'on le sache ou qu'on l'ignore, c'est toujours l'infini. C'est ainsi qu'Alexandre le Grand versait des larmes de désespoir en comparant son empire, déjà si grand, avec ce reste de la terre, qui ne se taisait pas encore devant lui. Non, en dehors de cette justice dont je vais parler, l'équilibre ne pourrait se maintenir dans le monde des nations ; il serait la proie d'ambitions monstrueuses qui se disputeraient la terre. Cependant, peut-être, à un certain moment donné, une certaine unité s'établirait. Peut-être un peuple, — non, je me trompe, pas un peuple, mais un homme, — concentrant dans ses mains toute la force brutale, secouerait le monde des nations et le prosternerait, le coucherait à ses pieds comme une *chose?*

III

Mais, non. Cela n'est pas ; cela n'est pas possible cela ne se fera jamais ! C'est une hypothèse chimérique. Pourquoi ? Parce qu'il est un autre ordre que celui des nations, l'ordre moral et religieux, qui ne périra pas, l'ordre moral et religieux, dont la fin est l'éternité, dont la règle est l'immuable justice. Les nations sont libres dans leurs voies : leur fin, c'est leur bonheur et leur prospérité temporels; le chemin pour y arriver, c'est la politique, c'est-à-dire le calcul des intérêts. Qu'elles aillent donc, rivalisant les unes avec les autres, pour devenir la parure et l'ornement du monde. Mais à une condition : c'est qu'elles n'enfreindront pas l'ordre supérieur de la vérité et de la justice, dont elles ne peuvent se séparer. Autrement l'harmonie du monde est troublée : une protestation sourde se forme au fond des consciences, et un jour l'épée se lève. Ah! cette fois, l'épée est sainte et sacrée. Son éclair, c'est l'éclair de la justice; et quand cette épée est celle de notre patrie, comme notre cœur tressaille! L'épée de la France, la vieille épée de Charles Martel, l'épée de Jeanne d'Arc, celle des Bayard et des Duguesclin, l'épée au service de la faiblesse opprimée par l'injustice flagrante, nous aimons à suivre à travers l'histoire son sillon lumineux et à nous dire : c'est toujours l'épée de l'honneur et de la justice.

Mais où est-il, cet ordre moral et religieux, soutien des royaumes et des empires? Où est son signe, sa représentation personnelle et vivante? Ne doit-il pas former, lui aussi, une société? Quoi! les hommes seraient unis pour atteindre une fin temporelle, et ils ne le seraient pas pour atteindre une fin qui est au-delà des temps! Quoi! les hommes seraient unis en société par le lien de leurs intérêts temporels, et ils ne le seraient pas dans leur contact, dans leur union avec Dieu! Oui! cette société existe; c'est un fait qu'on ne peut nier : regardez le monde des nations, et partout au milieu des nations vous voyez des religions, c'est-à-dire des sociétés religieuses. Mais ici je vois des religions, par un renversement inouï, mises entre les mains des princes : c'est le schisme d'Orient et le mahométisme. Là, je vois des sociétés qui ont ébranlé l'autorité, et dont la loi est la dissolution : c'est le protestantisme, quand il n'est pas lui-même entre les mains des princes. Et, cependant, n'exagérons rien. Ces religions dans leur servitude et leur faiblesse conservent encore je ne sais quelle majesté, qui impose aux princes. Oui, je le crois, les vieux Césars du paganisme subissaient eux-mêmes l'influence de ces dieux de pierre et de marbre auxquels ils ouvraient leur Panthéon, parce qu'il y avait là le signe des relations de l'homme avec un Être supérieur. Et pour compléter leur tyrannie, ils n'avaient qu'une ressource, celle de se faire passer eux-mêmes pour des Dieux et des Éternités.

Mais où est-elle donc la véritable société des hommes avec Dieu? Ah! nommez-la, dites : l'Eglise. Elle est vraiment, celle-là, la société des hommes avec Dieu. Dieu est en elle et elle est en Dieu. Ne le reconnaissez-vous pas à ces signes divins? Comme Dieu, comme la vérité et la justice, elle est éternelle. C'est au delà des temps qu'elle prend racine, et c'est au delà des temps qu'elle s'épanouit. Comme Dieu, comme la vérité et la justice, elle est immense : elle s'étend à tous les lieux. Comme Dieu, comme la vérité et la justice, elle est immuable dans son essence qui semble le roc indestructible sur lequel est bâti le monde des personnalités. Comme Dieu, comme la vérité et la justice, elle est une et indivisible, toujours identique avec elle-même. Comme Dieu, comme la vérité et la justice, elle est féconde en œuvres bienfaisantes qui remplissent la terre. Oui, c'est vraiment la société des âmes avec

Dieu ! Société vivante et progressive, elle marche, et Dieu marche avec elle.

Divine fille du ciel, tandis que les nations préparent et ordonnent la terre sous ses pas, elle s'avance, le regard fixé vers les éternelles destinées. Les pontifes unis à leur chef, escortés des prêtres et des lévites, portent dans leurs mains l'arche sainte qui contient la loi, l'arche de l'alliance, le testament, le contrat vivant des âmes avec Dieu. Mais quelle est sa défense? Car parfois les nations s'élèvent contre elle en frémissant, et je ne lui vois point d'armes. Sa défense, c'est son sang uni au sang de Dieu. Le sang de Dieu ! Je vous le disais, Dieu habite en elle, en elle il s'est fait homme afin de verser son sang, afin que celui de ses martyrs se mêlant au sien, avec ce double sang de l'homme et de Dieu, il fondât, il cimentât la société des âmes pour jamais ravies aux Césars, la société des âmes avec Dieu. Et ce sang, ô mystère, tous les jours il coule mystiquement sur l'autel, et tous les jours, en vérité, il est offert sacramentellement. Aussi, tant que l'autel sera debout, les ennemis de la liberté le savent bien, tant que l'autel catholique sera debout, la liberté des âmes sera sauve.

Messieurs, quand j'étais jeune, j'étais comme tant d'autres, j'aimais le récit de nos vieilles batailles; et, dans l'enthousiasme de ma pensée solitaire, je me disais : Moi aussi, je serai soldat ! Et maintenant, quand chaque jour je monte à l'autel, je me trouve vraiment soldat. Car par mes mains se renouvelle le sacrifice de

Celui qui est la Justice personnelle et vivante et qui s'est fait homme, afin de mourir pour elle et d'assurer son triomphe par toute la terre.

Mais ne parlons pas de guerre et de batailles, saluons plutôt, saluons ce grand avenir vers lequel les nations s'avancent à travers tous leurs orages, ce grand avenir où toutes les nations de la terre seront harmonieusement groupées autour de la sainte Église de Dieu, et où chacune, conservant ses frontières, sa forme, ses lois, vivant de plus en plus d'une vie propre et personnelle, toutes cependant seront rassemblées dans une unité supérieure qui les dominera sans les absorber : l'unité du *Christ-Jésus*, dont elles seront les cohéritières et avec lesquelles, ce n'est pas moi qui parle, mais saint Paul, *elles ne formeront qu'un seul corps.*

PARIS. — IMPRIMERIE JULES LE CLERE ET Ce, RUE CASSETTE, 29.

EN VENTE A LA MÊME LIBRAIRIE

OUVRAGES DE Mgr L'EVEQUE D'AUTUN

ÉTUDES SUR L'IRLANDE CONTEMPORAINE

Avec une Lettre de Mgr l'évêque d'Orléans. — 2 beaux volumes in-8. . . . . 12 fr.

L'ORATOIRE DE FRANCE

AUX XVIIe ET XIXe SIÈCLES

1 beau vol. in-8. . . . . 5 fr.

Le même ouvrage, 1 vol. in-18 . . . . 3 fr. 50

ÉLOGE FUNÈBRE DU GÉNÉRAL ZAMOISKI

A l'église de l'Oratoire le 30 janvier 1868. — In-8. . . . 1 fr.

LITANIES DES SAINTS DE FRANCE

Et prières pour la France, rédigées et mises en ordre par le même auteur. — 1 vol. in-18. . . . . 30 c.

PANÉGYRIQUE DE JEANNE D'ARC

Prononcé à Orléans, le 8 mai 1871. — In-8. . . . . . . 1 fr.

LA THÉODICÉE CHRÉTIENNE

D'après les Pères de l'Eglise, par le R. P. Lescoeur, prêtre de l'Oratoire. — 1 vol. in-8. . . . . 4 fr.

LE RÈGNE TEMPOREL DE JÉSUS-CHRIST

Etude sur le millénarisme, par le R. P. Lescoeur, prêtre de l'Oratoire. — 1 vol. in-12. . . . . 3 fr.

NOTICE SUR LE P. DE LA BASTIE

De l'Oratoire, suivie de Lettres et de Fragments, par le P. Largent, de l'Oratoire. — 1 vol. in-12. . . . . 2 fr.

Paris. Imp. Jules le Clere et Ce, rue Cassette, 29.

www.ingramcontent.com/pod-product-compliance
Ingram Content Group UK Ltd.
Pitfield, Milton Keynes, MK11 3LW, UK
UKHW031930260826
14628UKWH00004B/1533